对接世界技能大赛技术标准创新系列教材

技工院校一体化课程教学改革汽车维修专业教材

汽车电气简单故障检修（一）教师用书

人力资源社会保障部教材办公室　组织编写

中国劳动社会保障出版社

简介

本套教材为对接世赛标准深化一体化专业课程改革汽车维修专业教材，学习内容对接世赛汽车技术、车身修理、汽车喷漆项目，学习目标融入世赛要求，考核标准对接世赛技能标准，考核评价方法参照世赛评分方案，并设置了世赛知识栏目。

本书为《汽车电气简单故障检修（一）》的配套教师用书，在《汽车电气简单故障检修（一）》的基础上增加了参考答案，并给出了学习任务设计方案和教学活动策划表，内容丰富、实用，有助于教师更好地开展一体化教学。

图书在版编目（CIP）数据

汽车电气简单故障检修（一）教师用书 / 人力资源社会保障部教材办公室组织编写 . -- 北京：中国劳动社会保障出版社，2022

对接世界技能大赛技术标准创新系列教材 技工院校一体化课程教学改革汽车维修专业教材

ISBN 978-7-5167-5379-8

Ⅰ.①汽… Ⅱ.①人… Ⅲ.①汽车－电气设备－检修－技工学校－教学参考资料 Ⅳ.①U472.41

中国版本图书馆 CIP 数据核字（2022）第 096226 号

中国劳动社会保障出版社出版发行

（北京市惠新东街 1 号 邮政编码：100029）

*

北京市白帆印务有限公司印刷装订 新华书店经销

880 毫米 ×1230 毫米 16 开本 12.75 印张 299 千字

2022 年 7 月第 1 版 2022 年 7 月第 1 次印刷

定价：35.00 元

读者服务部电话：（010）64929211/84209101/64921644

营销中心电话：（010）64962347

出版社网址：http://www.class.com.cn

http://jg.class.com.cn

对接世界技能大赛技术标准创新系列教材

编审委员会

主　任：刘　康

副主任：张　斌　王晓君　刘新昌　冯　政

委　员：王　飞　翟　涛　杨　奕　张　伟　赵庆鹏　姜华平
　　　　杜庚星　王鸿飞

汽车维修专业课程改革工作小组

课 改 校：杭州技师学院　重庆五一技师学院
　　　　　云南交通技师学院　山东工程技师学院　广东省机械技师学院
　　　　　广州市工贸技师学院　山西交通技师学院　大连交通技师学院
　　　　　广州市交通技师学院　江苏省盐城技师学院

技术指导：郭七一

编　　辑：马　琳　盛秀芳

本书编审人员

主　编：张爱玲

参　编：卫云贵　汤　娜

序

世界技能大赛由世界技能组织每两年举办一届，是迄今全球地位最高、规模最大、影响力最广的职业技能竞赛，被誉为“世界技能奥林匹克”。我国于2010年加入世界技能组织，先后参加了五届世界技能大赛，累计取得36金、29银、20铜和58个优胜奖的优异成绩。第46届世界技能大赛将在我国上海举办。2019年9月，习近平总书记对我国选手在第45届世界技能大赛上取得佳绩作出重要指示，并强调，劳动者素质对一个国家、一个民族发展至关重要。技术工人队伍是支撑中国制造、中国创造的重要基础，对推动经济高质量发展具有重要作用。要健全技能人才培养、使用、评价、激励制度，大力发展技工教育，大规模开展职业技能培训，加快培养大批高素质劳动者和技术技能人才。要在全社会弘扬精益求精的工匠精神，激励广大青年走技能成才、技能报国之路。

为充分借鉴世界技能大赛先进理念、技术标准和评价体系，突出“高、精、尖、缺”导向，促进技工教育与世界先进标准接轨，完善我国技能人才培养模式，全面提升技能人才培养质量，人力资源社会保障部于2019年4月启动了世界技能大赛成果转化工作。根据成果转化工作方案，成立了由世界技能大赛中国集训基地、一体化课改学校，以及竞赛项目中国技术指导专家、企业专家、出版集团资深编辑组成的对接世界技能大赛技术标准深化专业课程改革工作小组，按照创新开发新专业、升级改造传统专业、深化一体化专业课程改革三种对接转化原则，以专业培养目标对接职业描述、专业课程对接世界技能标准、课程考核与评价对接评分方案等多种操作模式和路径，同时融入健康与安全、绿色与环保及可持续发展理念，开发与世界技能大赛项目对接的专业人才培养方案、教材及配套教学资源。首批对接 19 个世界技能大赛项目共 12 个专业的成果将于 2020—2021 年陆续出版，主要用于技工院校日常专业教学工作中，充分发挥世界技能大赛成果转化对技工院校技能人才的引领示范作用。在总结经验及调研的基础上选择新的对接项目，陆续启动第二批等世界技能大赛成果转化工作。

希望全国技工院校将对接世界技能大赛技术标准创新系列教材，作为深化专业课程建设、创新人才培养模式、提高人才培养质量的重要抓手，进一步推动教学改革，坚持高端引领，促进内涵发展，提升办学质量，为加快培养高水平的技能人才作出新的更大贡献！

2020年11月

汽车维修专业一体化教学参考书目录（中级阶段）

序号	书名
1	汽车文化（第二版）
2	机械识图（第四版）
3	机械基础（第四版）
4	电工与电子技术基础（第四版）
5	汽车材料（第四版）
6	钳工技能训练（第四版）
7	汽车维修企业管理（第二版）
8	汽车发动机构造与维修（第二版）
9	汽车底盘构造与维修（第二版）
10	汽车电气设备构造与维修（第二版）
11	汽车维护与故障诊断（第三版）
12	汽车构造（第三版）
13	汽车维护
14	汽车空调
15	汽车电气设备（第二版）
16	汽车维修技术手册

汽车电气简单故障检修对应的学习任务

教材名称	对应的学习任务
汽车电气简单故障检修（一）	学习任务一　汽车充电指示灯亮故障检修
	学习任务二　汽车起动机不工作故障检修
	学习任务三　汽车前照灯不亮故障检修
	学习任务四　汽车转向灯不亮故障检修
	学习任务五　汽车仪表照明灯不亮故障检修
汽车电气简单故障检修（二）	学习任务六　汽车辅助约束系统（SRS）故障警告灯亮故障检修
	学习任务七　汽车刮水器不工作故障检修
	学习任务八　汽车电动车窗不升降故障检修
	学习任务九　汽车中控门锁失效故障检修

目　　录

学习任务一　汽车充电指示灯亮故障检修

学习目标

1. 能掌握汽车电路基础知识。
2. 能描述电源系统的组成和安装位置。
3. 能进行电源系统的基本检查。
4. 能描述蓄电池的作用和组成。
5. 能描述蓄电池的类型和工作原理。
6. 能进行蓄电池的检查、充电和更换。
7. 能描述发电机的作用。
8. 能描述发电机的组成和工作原理。
9. 能描述发电机的类型。
10. 能进行发电机的检查和更换。
11. 能描述汽车充电电路的作用。
12. 能描述汽车充电电路的组成，并进行汽车充电电路的识读。
13. 能分析并确定汽车充电电路的简单故障和原因。
14. 能进行汽车充电电路简单故障检修。
15. 能对维修场地设备进行日常维护保养，按“6S”管理规定要求清理现场。
16. 能对相关资料、互联网资源进行检索，完成检修工单和工作页的填写。
17. 能展示工作成果，进行任务评价，总结工作经验，优化检修方案。
18. 能在作业过程中严格执行企业操作规范、安全生产制度、环保管理制度，严格遵守从业人员的职业道德，具有吃苦耐劳、爱岗敬业的工作态度和职业责任感。

建议学时

16 学时。

注：本书电路图参考《2016 款威朗汽车维修手册》，具体电路元器件使用方法可查阅该手册。

工作情境描述

在汽车行驶过程中，客户发现汽车仪表板上一个类似蓄电池外形图案的红色指示灯突然点亮，在按了几次仪表板上的按钮后，该指示灯仍然点亮而无法熄灭，于是该客户将汽车开往维修站维修。经班组长检查，初步判断是汽车电源系统故障引起充电指示灯点亮。汽车修理工需对汽车电源系统进行检查，根据维修手册相关要求，在规定时间内，参照维修资料完成汽车电源系统的检查与零部件的更换工作，自检合格后交付班组长验收。

工作流程与活动

1．电源系统的认知（2 学时）
2．蓄电池的检查与更换（2 学时）
3．发电机的检查与更换（6 学时）
4．汽车充电电路简单故障检修（4 学时）
5．工作总结与评价（2 学时）

思维导图

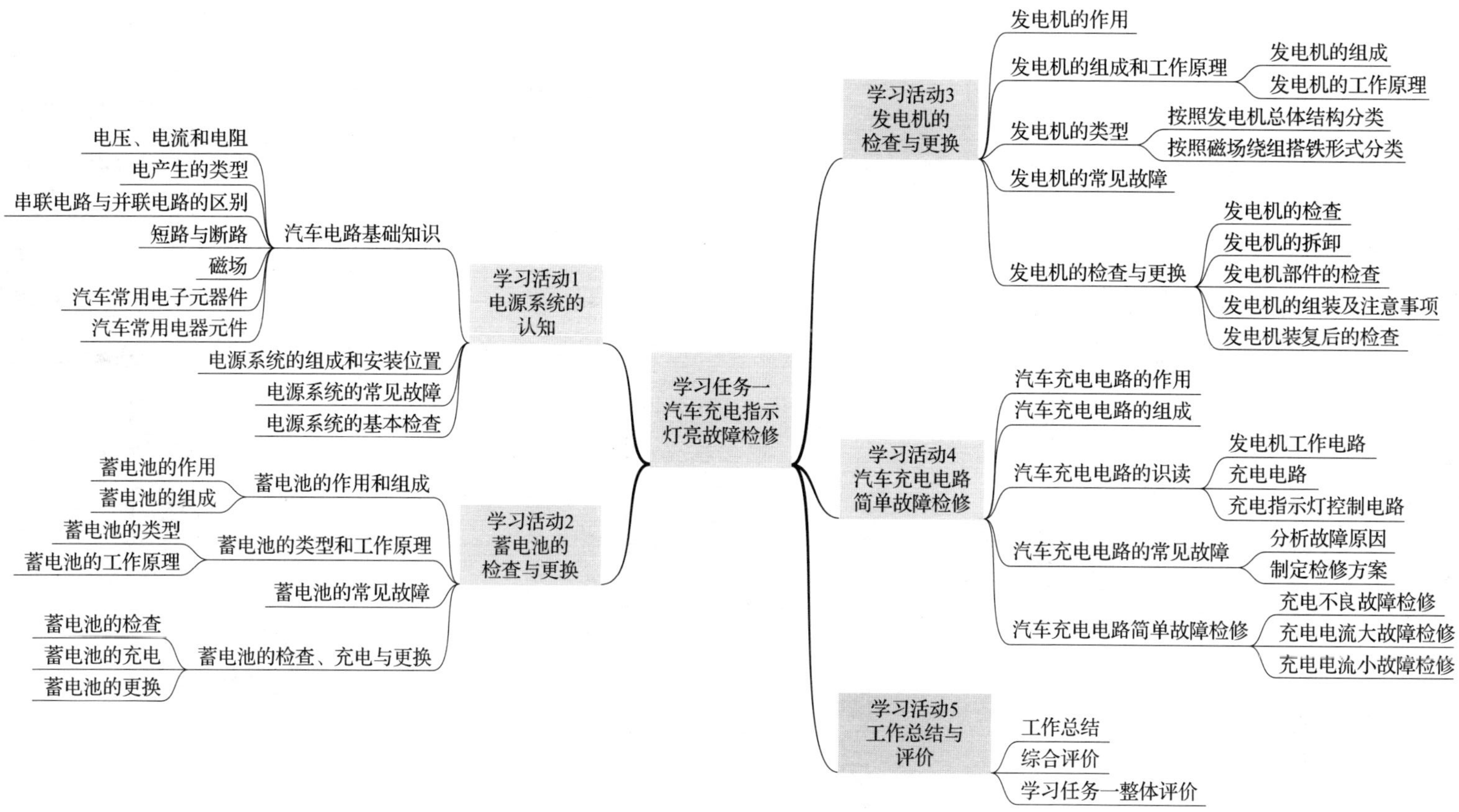

- 学习任务一 汽车充电指示灯亮故障检修
  - 学习活动1 电源系统的认知
    - 汽车电路基础知识
      - 电压、电流和电阻
      - 电产生的类型
      - 串联电路与并联电路的区别
      - 短路与断路
      - 磁场
      - 汽车常用电子元器件
      - 汽车常用电器元件
    - 电源系统的组成和安装位置
    - 电源系统的常见故障
    - 电源系统的基本检查
  - 学习活动2 蓄电池的检查与更换
    - 蓄电池的作用和组成
      - 蓄电池的作用
      - 蓄电池的组成
    - 蓄电池的类型和工作原理
      - 蓄电池的类型
      - 蓄电池的工作原理
    - 蓄电池的常见故障
    - 蓄电池的检查、充电与更换
      - 蓄电池的检查
      - 蓄电池的充电
      - 蓄电池的更换
  - 学习活动3 发电机的检查与更换
    - 发电机的作用
    - 发电机的组成和工作原理
      - 发电机的组成
      - 发电机的工作原理
    - 发电机的类型
      - 按照发电机总体结构分类
      - 按照磁场绕组搭铁形式分类
    - 发电机的常见故障
    - 发电机的检查与更换
      - 发电机的检查
      - 发电机的拆卸
      - 发电机部件的检查
      - 发电机的组装及注意事项
      - 发电机装复后的检查
  - 学习活动4 汽车充电电路简单故障检修
    - 汽车充电电路的作用
    - 汽车充电电路的组成
    - 汽车充电电路的识读
      - 发电机工作电路
      - 充电电路
      - 充电指示灯控制电路
    - 汽车充电电路的常见故障
      - 分析故障原因
      - 制定检修方案
    - 汽车充电电路简单故障检修
      - 充电不良故障检修
      - 充电电流大故障检修
      - 充电电流小故障检修
  - 学习活动5 工作总结与评价
    - 工作总结
    - 综合评价
    - 学习任务一整体评价

学习活动 1　电源系统的认知

学习目标

1. 能掌握汽车电路基础知识。
2. 能描述电源系统的组成和安装位置。
3. 能进行电源系统的基本检查。

建议学时：2 学时。

学习过程

一、汽车电路基础知识

1．电压、电流和电阻

电压是衡量<u>　导体上相对电位差大小的物理量　</u>，单位是<u>　V　</u>（A/V），测量电压常用的仪表是<u>　万用表　</u>。万用表由表头、测量电路及转换开关三个主要部分组成。万用表不仅可以测量电阻，还可以测量交直流电压、晶体管的主要参数以及电容器的电容量等。在图 1–1–1 中标出测量电压时万用表与电路的连接路线。

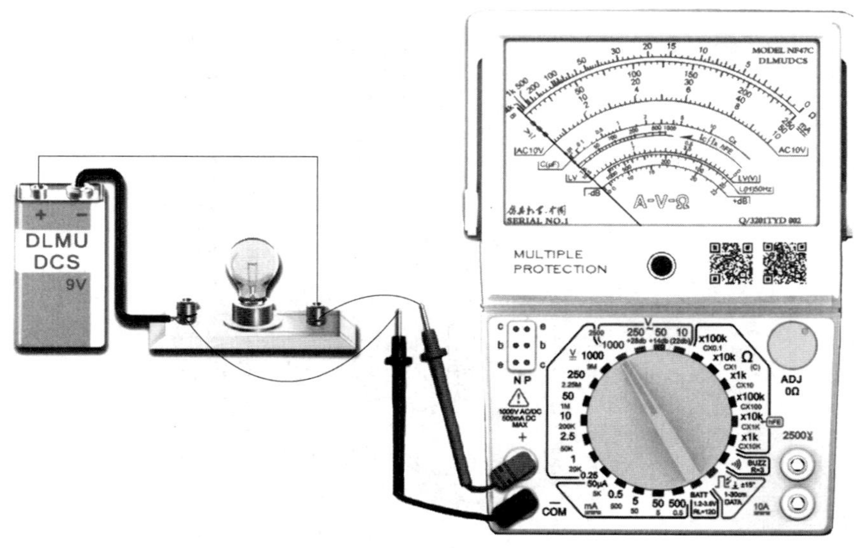

图 1–1–1　电压的测量

测量电压的注意事项有：将万用表并联接入被测电路中，万用表红表笔接被测电路的高电位端，黑表笔接被测电路的低电位端。

电流是电荷有规则的定向运动，单位是A（A/V），测量电流的注意事项有：将万用表串联接入被测电路中，万用表红表笔接被测电路的正极，黑表笔接被测电路的负极。

电阻是导体对电流的阻碍作用，单位是Ω（A/Ω），影响电阻的因素有：导体的材料、长度、横截面积等。

根据图 1–1–2 所示，电阻、电压和电流之间的关系式为：$R=\frac{U}{I}$。

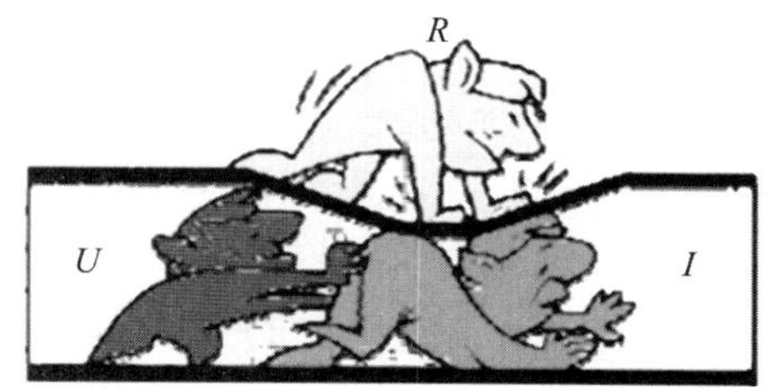

图 1–1–2　电阻、电压和电流的关系

2．电产生的类型

查阅相关资料，将表 1–1–1 补充完整，了解电是如何产生的、电有哪些类型，并确认汽车上使用的电是直流电（直流电 / 交流电）。

表 1–1–1　电产生的类型

电的产生	示意图	电的类型
蓄电池、干电池		直流电
发电机		交流电
摩擦		静电

3．串联电路与并联电路的区别

根据图 1–1–3 和图 1–1–4 所示，写出串联电路与并联电路的区别及各自的特点。

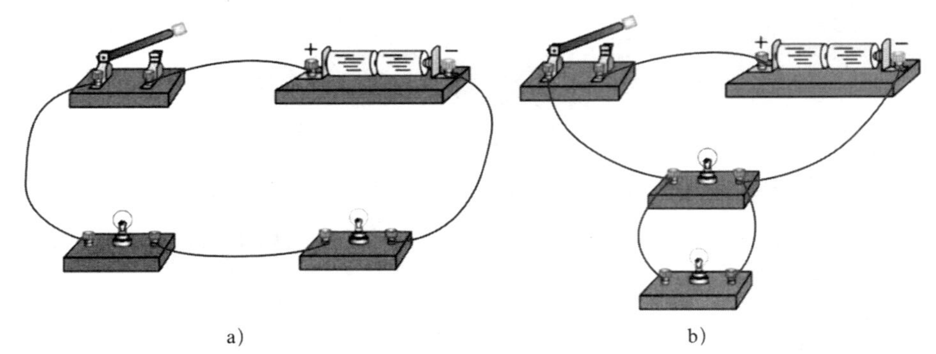

图 1-1-3 串联与并联

a）串联 b）并联

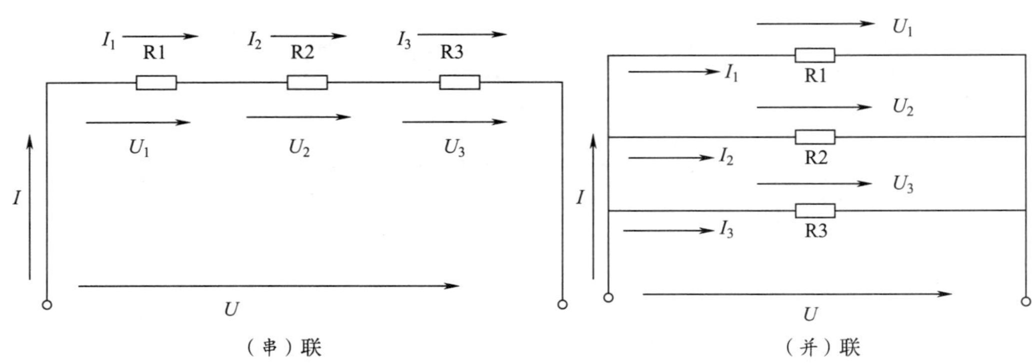

图 1-1-4 串联电路与并联电路

串联电路的特点：<u>电路中流过每个电阻的电流都相等；电路两端的总电压等于各电阻两端的电压之和；电路的等效电阻（即总电阻）等于各串联电阻之和</u>。

并联电路的特点：<u>电路中各电阻两端的电压相等，且等于电路两端的电压；电路的总电流等于流过各电阻的电流之和；电路的等效电阻（即总电阻）的倒数等于各并联电阻的倒数之和</u>。

在待修汽车上观察蓄电池和发电机的连接方式为：<u>并联</u>。

4．短路与断路

短路电路的特点为：<u>电阻小，电路中电流很大</u>。

断路电路的特点为：<u>电路中无电流通过，电阻为无穷大</u>。

5．磁场

如图 1-1-5 所示，磁场是指传递实物间磁力作用的场，这些磁力是有方向的，并且可以用磁力线描述，它们从 N 极分出，在 S 极汇合。如果将两个磁体的端部相对放置，会注意到<u>异名</u>（同名 / 异名）磁极相互吸引，<u>同名</u>（同名 / 异名）磁极相互排斥。

（1）磁体会产生磁场，带电导体周围也存在磁场。随时间变化的电场产生磁场，随时间变化的磁场产生电场，两者互为因果，形成<u>电磁感应现象</u>。

（2）如图 1-1-6 所示，如果导线为线圈式（绕线式），则磁场强度加强。磁场强度与线圈<u>匝数</u>和流经线圈电流的大小成正比。在线圈中央加入软铁芯可以增加磁场强度。这种组合常被用于电磁铁或电磁阀中。

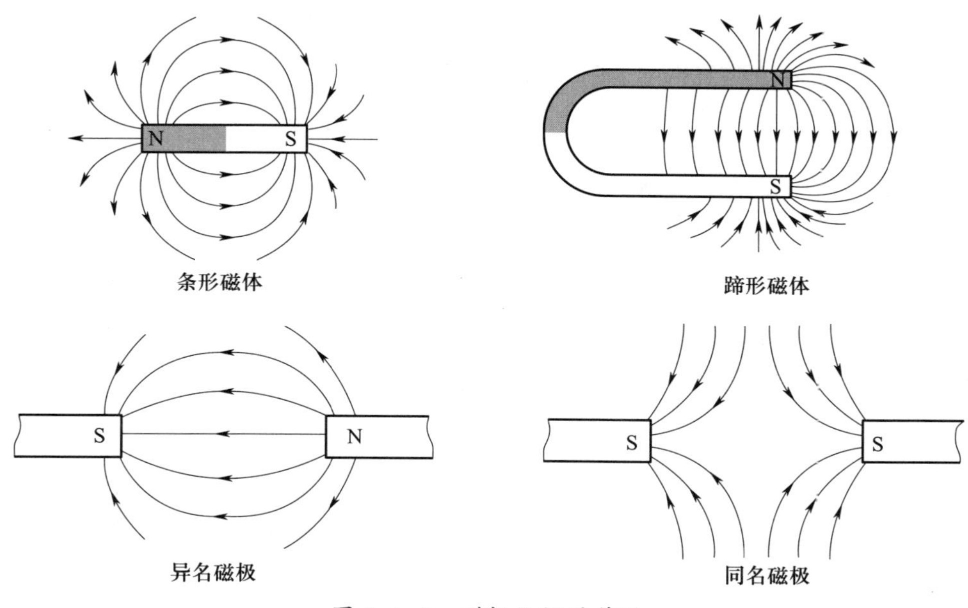

图 1–1–5　磁极之间的作用

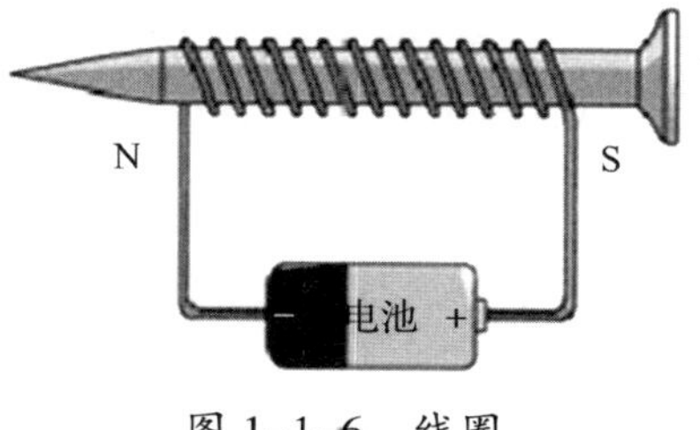

图 1–1–6　线圈

（3）根据图 1–1–7，查阅相关资料，描述电磁感应现象。

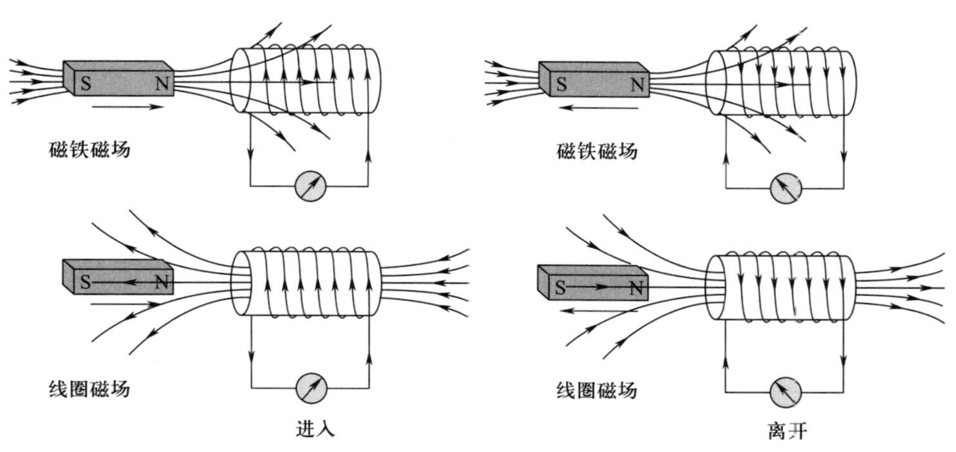

图 1–1–7　电磁感应现象示意图

在图 1–1–7 左图中，磁铁由左向右逐渐进入线圈，线圈中的磁通增加，根据楞次定律可知，线圈中产生的感应磁场要阻碍磁通的增加，线圈中感应电流磁场应为左 N 右 S，根据右手螺旋定则可判断出感应电流的方向是从左端流入检流计，检流计指针向右偏转；相反，在图 1–1–7 右图中，磁铁由右向左逐渐离开线圈，线圈中的磁通减少，根据楞次定律可知，线圈中产生的感应磁场要阻碍磁通的减少，线圈中感应电流的磁场应为左S右N，根据右手螺旋定则可判断出感应电流的方向是从右端流入检流计，检流计指针向左偏转。

6．汽车常用电子元器件

在表 1–1–2 中画出汽车常用电子元器件的图形符号，并写出它们的作用。

表 1–1–2　汽车常用电子元器件

名称	图形符号	作用	名称	图形符号	作用
三极管	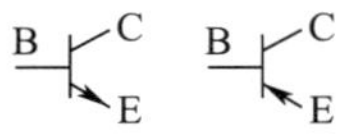 B C E　B C E	放大、开关、调压	二极管	本	单向导通
电阻器	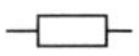 —▭—	限流、分流	电容器	⊣⊢	容纳电荷

7．汽车常用电器元件

一个完整的电路由电源、开关、<u>用电设备</u>及导线组成，查阅相关资料，在表 1–1–3 中补充填写汽车上常用电器元件的名称及作用。

表 1–1–3　汽车常用电器元件

名称	作用	图示
汽车灯泡	用于室内或室外照明	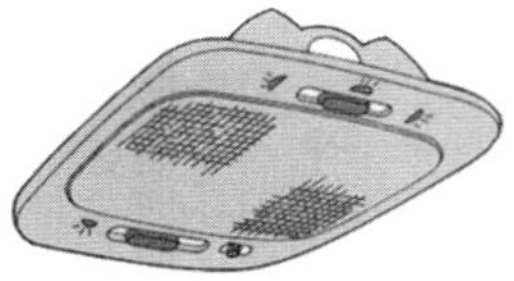
传感器加热器	用于加热传感器，使其尽快达到工作温度	

续表

名称	作用	图示
发电机	正常工作时会根据电磁感应原理产生电流，用于给全车低压设备供电，同时给蓄电池充电	
继电器	用于控制大功率用电设备	
喇叭	通入低压电后产生声响，用于提醒车辆周围人员注意	
电动车窗玻璃升降电动机	在通电后产生正反转，完成玻璃的升降控制	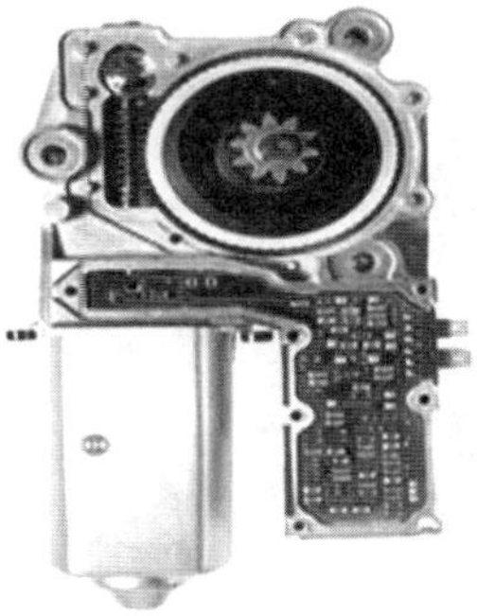

二、电源系统的组成和安装位置

图 1–1–8 所示为大众车系电源系统示意图。汽车电源系统的作用是＿向全车低压设备供电，同时给亏电的低压蓄电池充电＿，电源系统主要由蓄电池、点火开关、充电指示灯及＿发电机＿（起动机 / 发电机）等组成，在图 1–1–8 中填写各组成元件的名称。其中，发电机的 DFM 信号输送给＿发动机控制单元＿（起动机控制单元 / 发动机控制单元），用于检测发电机的负载。

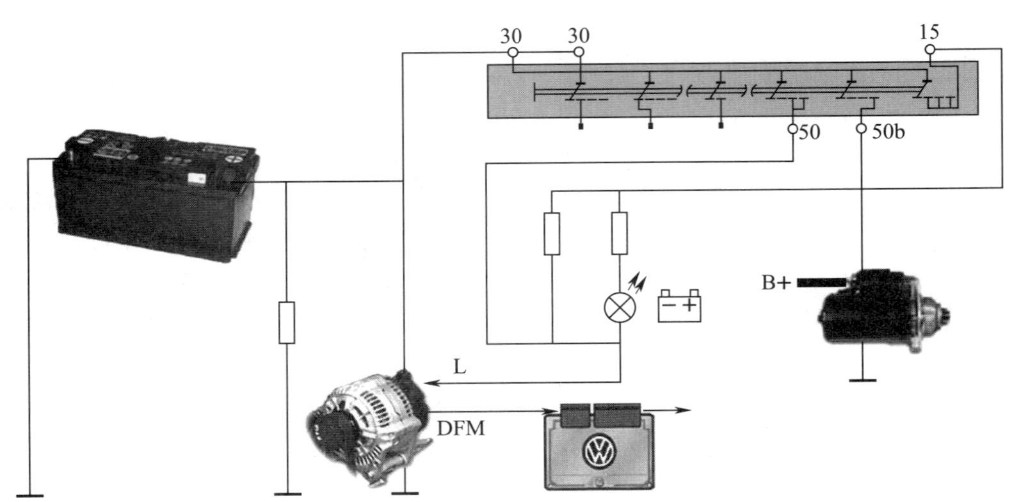

图 1-1-8 大众车系电源系统示意图

30—常火线端子 15—点火开关控制火线端子 50—起动机电磁开关端子 50b—起动机控制火线端子 L—充电指示灯控制端子 DFM—电器负载检测端子 B+—起动机常火线控制线端子

蓄电池的作用是__给全车低压设备供电__，发电机的作用是__在车辆正常工作时向全车低压设备供电，同时给亏电的低压蓄电池充电__。

如图 1-1-9 所示，在汽车仪表板上有一个类似蓄电池形状的红色指示灯（即充电指示灯），充电指示灯的作用是__指示充电系统的工作状态__。该指示灯一般只在接通点火开关时亮起，表示车辆是由__蓄电池__供电的。而在发动机起动后，供电工作交给了发电机，同时为蓄电池充电，则充电指示灯__熄灭__。

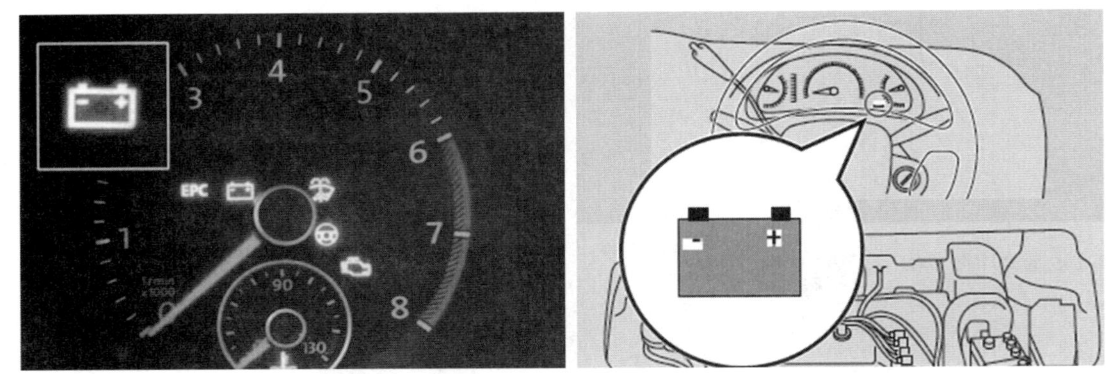

图 1-1-9 充电指示灯

充电指示灯不正常点亮包括汽车起动过程中不亮、行驶过程中异常点亮及常亮三种。如果在车辆行驶中或发动机运转时充电指示灯点亮，表示车辆的发电机及其线路有故障或__充电指示灯__线路有问题，此时应尽可能地关闭车上的非必需用电器件，然后将汽车开去维修站进行检修，以免蓄电池消耗电量过大导致汽车汽车无法再次起动。

蓄电池一般安装在__发动机舱__或行李舱内；发电机一般安装在发动机的__周围__，由传动带轮驱动；充电指示灯一般安装在仪表板上。

三、电源系统的常见故障

电源系统的常见故障有：电源系统不供电、蓄电池总是亏电、发电机不发电等，可能的故障原因有：蓄电池故障、发电机故障、充电指示灯及充电线路故障。

四、电源系统的基本检查

根据电源系统的常见故障及可能的故障原因，对照表 1-1-4，在待修车辆上进行电源系统各部件连接状态的基本检查，并将检查步骤补充完整。

表 1-1-4　电源系统各部件连接状态的基本检查

序号	检查内容	图示	检查结果
1	检查蓄电池＿正负＿极接线柱螺母的松紧状态	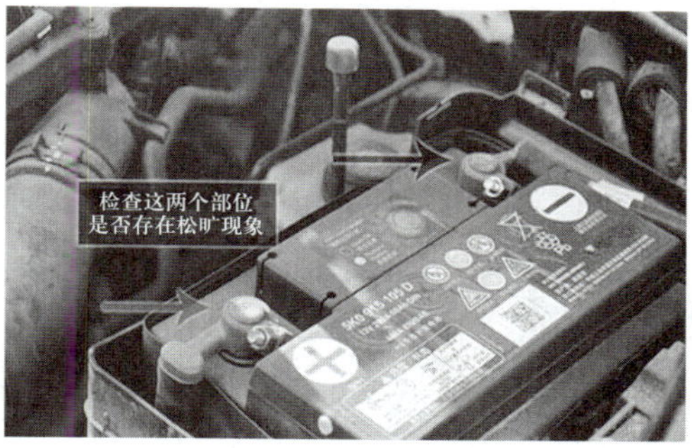	□正常 □需拧紧
2	检查蓄电池的静态电压，正常值一般为＿12＿V		□正常 □不正常
3	检查蓄电池的起动电压，将点火开关置于"＿起动＿"挡时，测量蓄电池电压，正常值为＿12＿V	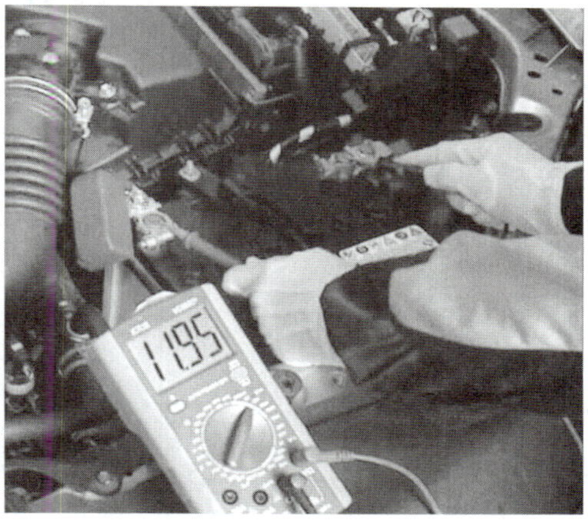	□正常 □不正常

续表

序号	检查内容	图示	检查结果
4	打开中央控制盒，检查熔丝及<u>继电器</u>	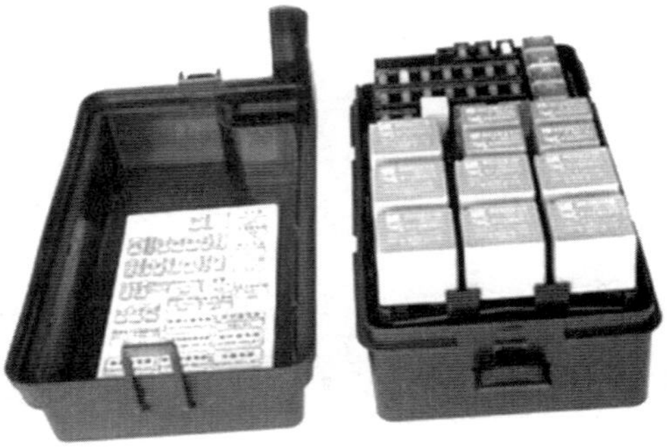	□正常 □需更换
5	检查发电机<u>接线柱</u>的连接状况	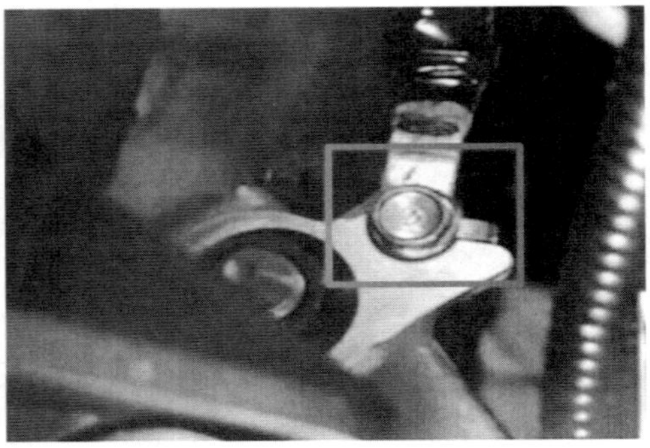	□正常 □需处理
6	检查发电机端子“<u>B</u>”螺母拧紧状况、端子“L”与“DFM”的连接状态及<u>松紧状况</u>	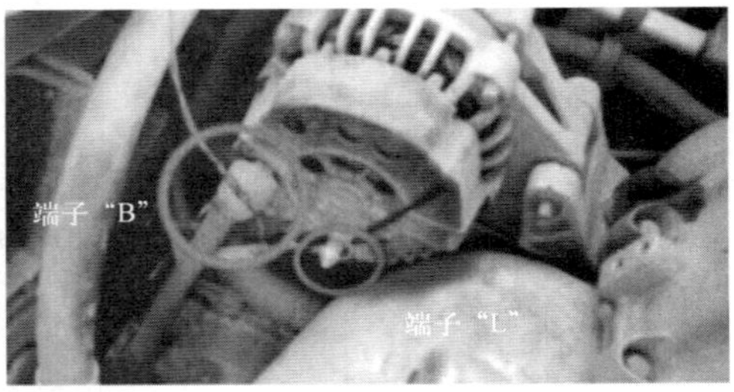 端子“B” 端子“L”	□正常 □不正常
7	检查发电机外观有无<u>碎裂</u>痕迹	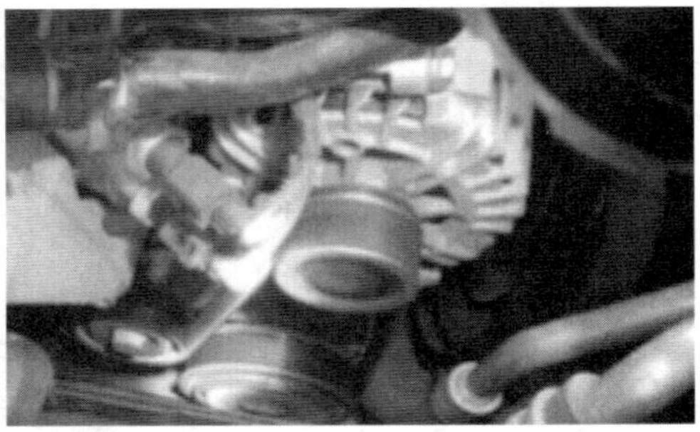	□正常 □需处理

续表

序号	检查内容	图示	检查结果
8	检查发电机输出电压及输出电流，输出电压约为__14 V__，输出电流约为__5 A__		□正常 □不正常
9	检查发电机传动带是否处于__正常松紧__状态，确认电源系统处于正常状态，结束检查		□正常 □不正常

五、学习活动评价

学习活动评价见表 1–1–5。

表 1–1–5　　学习活动评价表

班级		姓名	学号		日期	年　月　日
序号	评价要点			配分	得分	总评
1	能正确识读和填写工作页，明确学习活动要求			10		A □（86 ~ 100 分） B □（76 ~ 85 分） C □（60 ~ 75 分） D □（60 分以下）
2	能查阅资料，描述汽车电路基础知识			10		
3	能查阅资料，写出电源系统的组成			10		
4	能查阅资料，指出电源系统的安装位置			10		
5	能查阅资料，写出电源系统基本检查的内容			15		

续表

序号	评价要点	配分	得分	总评
6	能按规范流程，完成电源系统的基本检查	15		A □（86 ~ 100 分） B □（76 ~ 85 分） C □（60 ~ 75 分） D □（60 分以下）
7	能遵守劳动纪律，以积极的态度接受工作任务	10		
8	能积极参与小组讨论，发挥团队合作精神	10		
9	能及时完成教师布置的任务	10		
总　分		100		
小结建议				

学习活动 2　蓄电池的检查与更换

学习目标

1. 能描述蓄电池的作用和组成。
2. 能描述蓄电池的类型和工作原理。
3. 能进行蓄电池的检查、充电与更换。

建议学时：2 学时。

学习过程

一、蓄电池的作用和组成

1．蓄电池的作用

蓄电池在放电后能以充电的方式使内部活性物质再生，把电能转化为化学能，在需要放电时能把化学能转化为电能，所以蓄电池又被称为二次电池。

图 1-2-1 所示为汽车蓄电池电路。查阅相关资料，补充完整蓄电池的作用。

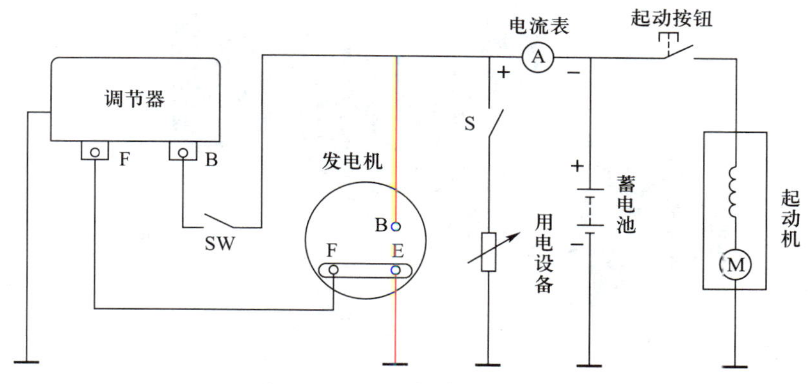

图 1-2-1　汽车蓄电池电路

汽车蓄电池电路由蓄电池、发电机、起动机、调节器及用电设备等部件组成。蓄电池与<u>　发电机　</u>作为汽车的两个电源，当发动机<u>　停止工作　</u>或低速运转时，发电机不能发电，由蓄电池向发动机点火系统、<u>　照明系统　</u>和其他整车用电设备供电。当发电机正常工作时，由<u>　发电机　</u>向整车用电设备供电，发电机由<u>调节器</u>调节输出电压，使输出电压不随着发动机的转速变化而始终稳定在<u>14</u>V。当整车用电量超过电源系统的输出时，<u>蓄电池</u>可以在有限的时间内供电。

2．蓄电池的组成

蓄电池主要由正负极板组、<u>隔板</u>、壳体、联条、电解液、<u>正负极端子</u>等组成，如图 1–2–2 所示。

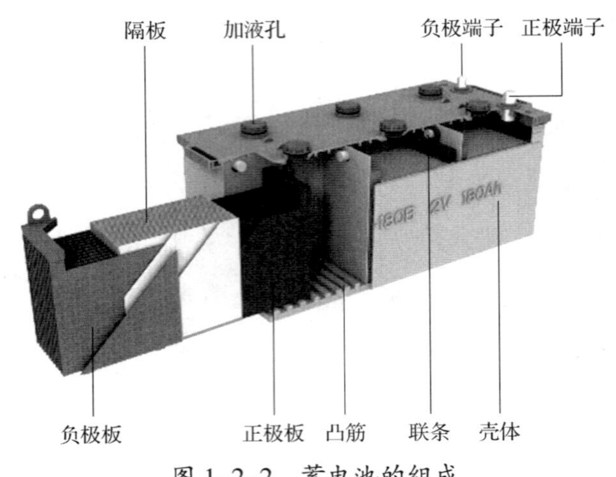

图 1–2–2　蓄电池的组成

如图 1–2–3 所示，蓄电池的充放电过程是由极板上的活性物质与电解液的<u>硫酸</u>反应来实现的。极板由栅架及铅膏涂料组成，分为<u>正</u>极板和负极板两种。正极板上的活性物质为<u>二氧化铅</u>，呈深褐色；负极板上的活性物质为海绵状<u>铅</u>，呈青灰色。

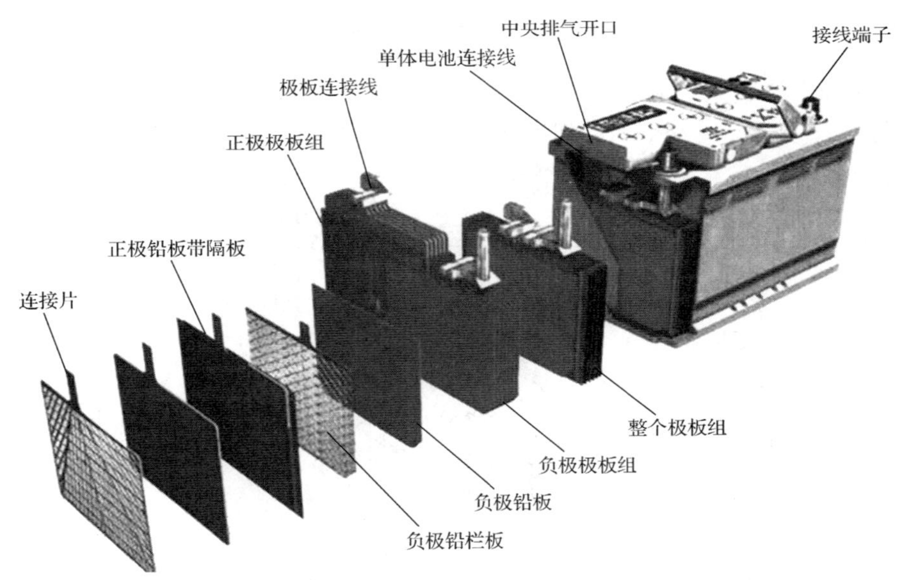

图 1–2–3　蓄电池极板

将一片正极板和一片负极板浸入电解液中，可得到<u>2 V</u>左右的电动势。为增大蓄电池容量，常将多片正、负极板分别<u>交叉相隔</u>组成正、负极板组。隔板的作用是将正、负极板隔离，防止两极板<u>接触短路</u>。

二、蓄电池的类型和工作原理

1．蓄电池的类型

根据功能不同，蓄电池可分为起动蓄电池、固定蓄电池及牵引蓄电池三种。起动蓄电池主要作为汽车、摩托车及柴油机等起动时的供电电源；固定蓄电池主要用于通信设备、发电厂及计算机系统等作为保护及自动控制的备用电源；牵引蓄电池主要用于电动自行车及电动汽车等电力驱动的动力电源。

根据结构不同，蓄电池可分为普通蓄电池、干荷蓄电池和免维护蓄电池三种，如图 1–2–4 所示。普通蓄电池的极板由铅和铅的氧化物构成，电解液是硫酸的水溶液；干荷蓄电池的负极板有较高的存储电荷的能力；免维护蓄电池的电解液消耗量非常小，在蓄电池保质期内基本不需要补充蒸馏水。

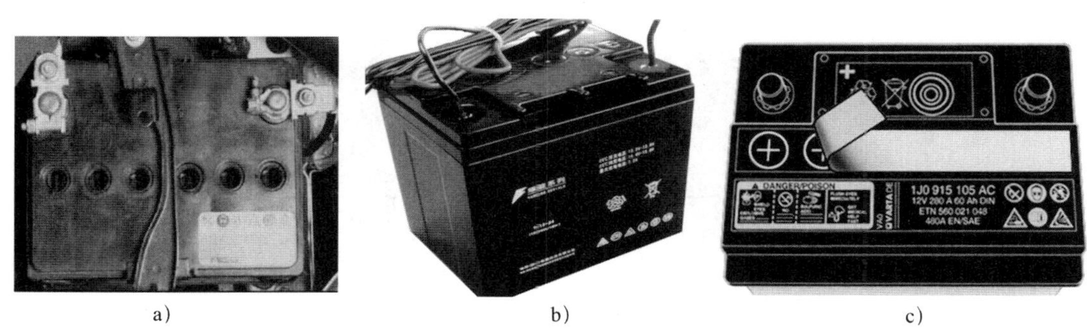

a）　　b）　　c）

图 1–2–4　蓄电池的类型

a）普通蓄电池　b）干荷蓄电池　c）免维护蓄电池

查阅汽车维护手册，将表 1–2–1 补充完整。

表 1–2–1　　三种蓄电池的性能比较

类型	加液孔	荷电状态指示器	维护需求	使用要求
普通蓄电池	有	无	需要维护	添加蒸馏水，测量电解液密度
干荷蓄电池	有	无	不需要维护	开始时加电解液
免维护蓄电池	没有	有	不需要维护	电解液不足会失效

图 1–2–5 所示为免维护蓄电池的充电结构，观察孔显示绿色说明电量充足，显示白色说明电量不足，显示黑色说明需要更换蓄电池。

2．蓄电池的工作原理

铅酸蓄电池的基本工作原理是：将以二氧化铅为活性材料组成的＿正极板＿与以＿铅＿为活性材料组成的负极板插入稀硫酸电解液中，如图 1–2–6 所示，可产生 2 V 左右的电压。汽车起动及电气元件正常工作一般要求 12 V 左右的工作电压，故蓄电池由 6 个单格电池串联而成。由 6 个单格电池串联组成的蓄电池标称电压为 12 V（实际约为 12.6 V）。

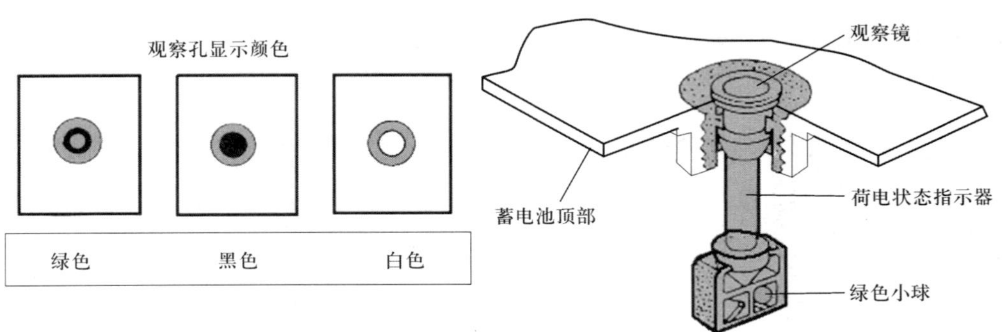

图 1-2-5　免维护蓄电池的充电结构

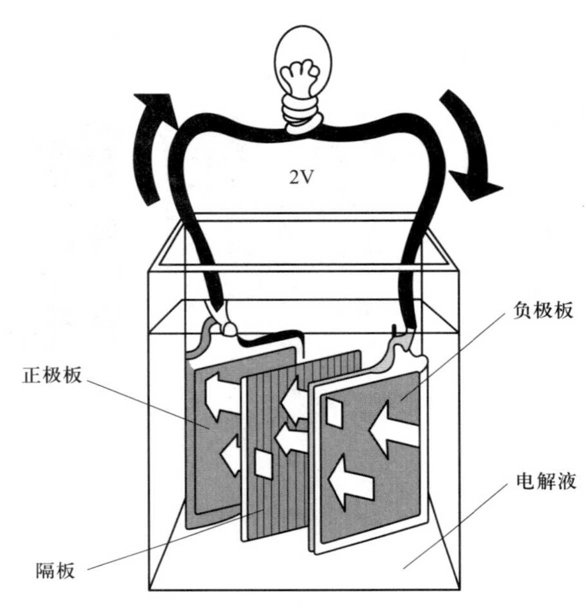

图 1-2-6　单格电池电压

三、蓄电池的常见故障

蓄电池的常见故障有：蓄电池极板硫化、蓄电池自放电、蓄电池活性物质早期脱落等，可能的故障原因有：<u>过亏电、过度充电、大电流放电、极板硫化等</u>。

四、蓄电池的检查、充电与更换

根据蓄电池的常见故障及可能的故障原因，进行蓄电池的检查、充电与更换。

1．蓄电池的检查

（1）蓄电池的外观检查

根据图 1-2-7 可知，图中蓄电池电压为<u>12 V</u>，容量为<u>44 A · h</u>，360 A（EN）的含义是<u>蓄电池具有冷起动电流 360 A（欧洲标准）</u>。

1）检查蓄电池的<u>托盘</u>和<u>蓄电池固定</u>情况，如图 1-2-8 所示。

2）检查蓄电池是否<u>有裂纹</u>。

3）检查接线柱是否<u>被氧化、腐蚀</u>，如图 1-2-9 所示。

图 1-2-7　蓄电池型号

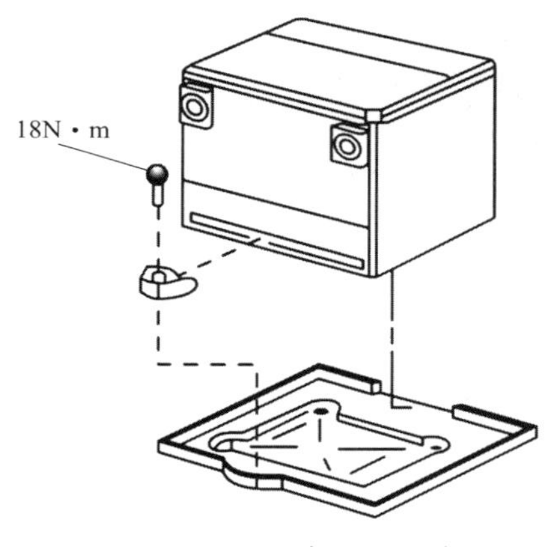

图 1-2-8　蓄电池托盘

图 1-2-9　蓄电池外观情况

（2）蓄电池荷电状态的检查

1）检查观察孔颜色，如图 1-2-10 所示，查阅相关资料，将表 1-2-2 补充完整。

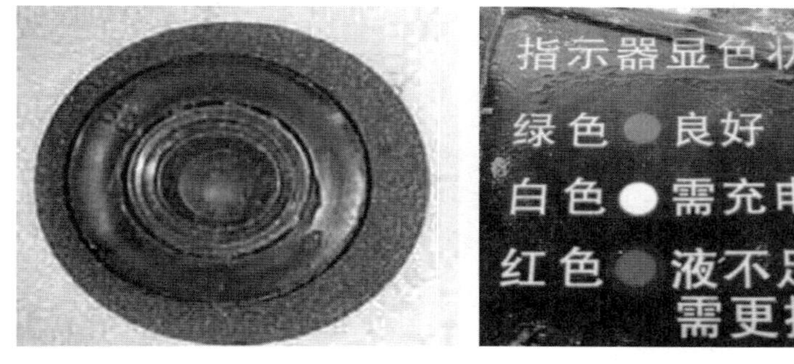

图 1-2-10　检查观察孔颜色

表 1-2-2　　蓄电池荷电状态

观察孔显示颜色	荷电状态	采用措施
绿色	大于 65%	良好，无须维护
白色	小于 65%	需充电
红色	电解液液面太低	需补充
黑色	电量严重不足	需充电

注：不同厂家生产的蓄电池观察孔显示颜色代表的含义不同，具体以厂家标注的内容为准。

2）用万用表检测蓄电池电压大于 11 V 为正常，如图 1-2-11 所示。

图 1-2-11　检测蓄电池电压

（3）蓄电池电解液液位的检查

电解液液位应高于极板 10 ~ 15 mm 或在外壳液平面的标记上方。若电解液液位不足，则用 蒸馏水 补充。

（4）蓄电池电解液密度的检查

如图 1-2-12 所示，电解液的密度与 蓄电池电压 结合起来可以清楚地反映蓄电池的荷电情况。

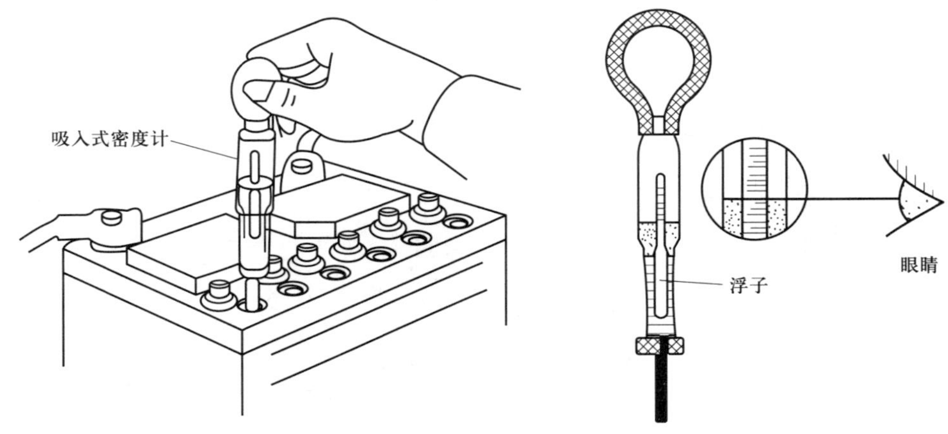

图 1-2-12　检查电解液密度

测量时使用<u>吸入式密度计</u>，其电解液密度越大，<u>浮子</u>升得越高。可以从刻度上读出电解液的密度。

蓄电池不同状态所显示的电解液密度不一样。表 1-2-3 所示为不同状态时的蓄电池电解液密度。

表 1-2-3　　不同状态时的蓄电池电解液密度

常温环境	蓄电池电解液密度 / (g/cm^3)	热带地区	蓄电池电解液密度 / (g/cm^3)
放电	1.12	放电	1.08
半充电	1.20	半充电	1.14
全充电	1.28	全充电	1.23

2．蓄电池的充电

（1）定电压充电

用充电机<u>正极</u>连接蓄电池正极，用充电机<u>负极</u>连接蓄电池负极，确认蓄电池接线柱清洁，充电回路连接良好。

打开充电机电源，对蓄电池充电至观察孔颜色变绿，说明已充足电，如图 1-2-13 所示。

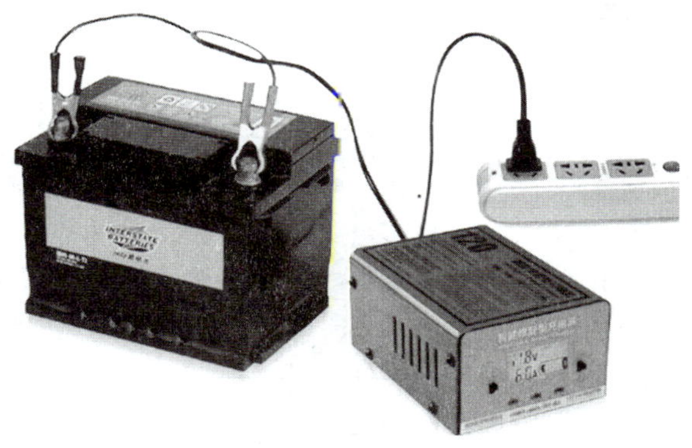

图 1-2-13　定电压充电

（2）定电流充电

1）用充电机<u>正极</u>连接蓄电池正极，用充电机<u>负极</u>连接蓄电池负极，确认蓄电池接线柱清洁，充电回路连接良好。

2）打开充电机电源，调节充电电流，以<u>10%</u>容量值的电流给蓄电池充电。若蓄电池观察孔颜色<u>发绿</u>，说明已充足电。

注意：在普通蓄电池充电之前，要先检查电解液液位，低于规定值时应添加蒸馏水。

（3）补充充电

1）先进行蓄电池外观检查，<u>有裂纹</u>的蓄电池不能补充充电，应更换蓄电池。

2）观察孔颜色为<u>红色</u>的蓄电池也不能补充充电，应补充电解液。

3）过放电或过充电造成<u>极板损坏</u>的蓄电池也不能补充充电，应更换蓄电池。

4）充电前应清理蓄电池接线柱，去除表面的氧化皮，在接线柱上涂<u>黄油或凡士林</u>，防止发生电蚀现象。

3．蓄电池的更换

（1）如图 1–2–14 所示，拧松蓄电池上方压板的固定螺母及螺栓，旋出蓄电池压板外侧的固定螺栓，拧松压板内侧的固定螺母，将压板和钩形螺杆一同取下。

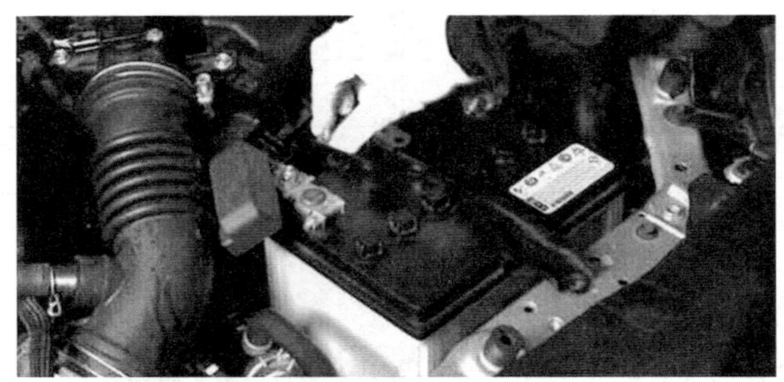

图 1–2–14　旋出蓄电池压板外侧的固定螺栓

（2）选用梅花扳手拧松蓄电池<u>负极</u>（正极 / 负极）接线柱固定螺母，取下负极电缆，并放置在合适的位置。按照同样的方法取下<u>正极</u>（正极 / 负极）电缆。

（3）取出蓄电池，放置于工作台上。

（4）按照与上述拆卸步骤相反的顺序进行蓄电池的安装。

五、学习活动评价

学习活动评价见表 1–2–4。

表 1–2–4　学习活动评价表

<table>
<tr><td>班级</td><td></td><td>姓名</td><td></td><td>学号</td><td></td><td>日期</td><td>年　月　日</td></tr>
<tr><td>序号</td><td colspan="5">评价要点</td><td>配分</td><td>得分</td><td>总评</td></tr>
<tr><td>1</td><td colspan="5">能正确识读和填写工作页，明确学习活动要求</td><td>10</td><td></td><td rowspan="10">A □（86 ~ 100 分）
B □（76 ~ 85 分）
C □（60 ~ 75 分）
D □（60 分以下）</td></tr>
<tr><td>2</td><td colspan="5">能查阅资料，写出蓄电池的作用和组成</td><td>10</td><td></td></tr>
<tr><td>3</td><td colspan="5">能查阅资料，写出蓄电池的类型和工作原理</td><td>10</td><td></td></tr>
<tr><td>4</td><td colspan="5">能按规范流程，完成蓄电池的检查</td><td>10</td><td></td></tr>
<tr><td>5</td><td colspan="5">能按规范流程，完成蓄电池的充电</td><td>15</td><td></td></tr>
<tr><td>6</td><td colspan="5">能按规范流程，完成蓄电池的更换</td><td>15</td><td></td></tr>
<tr><td>7</td><td colspan="5">能遵守劳动纪律，以积极的态度接受工作任务</td><td>10</td><td></td></tr>
<tr><td>8</td><td colspan="5">能积极参与小组讨论，发挥团队合作精神</td><td>10</td><td></td></tr>
<tr><td>9</td><td colspan="5">能及时完成教师布置的任务</td><td>10</td><td></td></tr>
<tr><td colspan="6">总　分</td><td>100</td><td></td></tr>
<tr><td>小结
建议</td><td colspan="5"></td><td></td><td></td><td></td></tr>
</table>

学习活动 3　发电机的检查与更换

学习目标

1. 能描述发电机的作用。
2. 能描述发电机的组成和工作原理。
3. 能描述发电机的类型。
4. 能进行发电机的检查和更换。

建议学时：6 学时。

学习过程

一、发电机的作用

发电机是汽车的主要电源，在发动机正常运转时，发电机向所有用电设备（起动机除外）供电，同时向__蓄电池__充电。

二、发电机的组成和工作原理

1．发电机的组成

发电机由定子、__转子__、整流器、__电压调节器__、端盖、风扇等组成，如图 1–3–1 所示。

a）

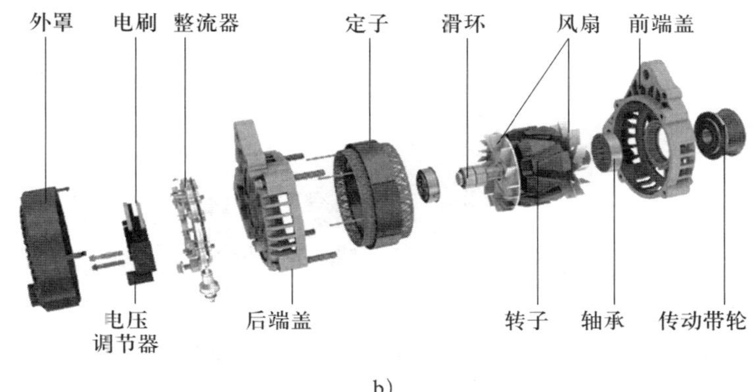

b）

图 1–3–1　发电机的组成

a）实物图　b）分解图

（1）转子

转子的作用是产生磁场。如图 1–3–2 所示，转子由爪极、磁轭、__线圈__、滑环、转子轴等组成。

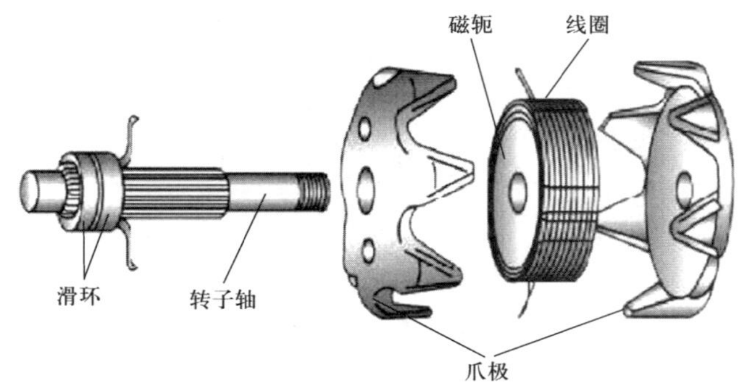

图 1–3–2　转子

转子轴上压装着两块__爪极__，爪极被加工成鸟嘴形状，爪极空腔内装有励磁绕组和磁轭。滑环由两个彼此绝缘的铜环组成，压装在转子轴上并与轴绝缘，两个__滑环__分别与励磁绕组的两端相连。

（2）定子

定子的作用是产生__感应电压__。定子安装在__转子__的外面，与发电机的前后端盖固定在一起，当转子在其内部转动时，引起定子绕组中磁通的变化，定子绕组中就会产生交变感应电动势。

如图 1–3–3 所示，定子由定子铁芯和__线圈__组成，定子铁芯由内圈带槽、互相绝缘的硅钢片叠成。

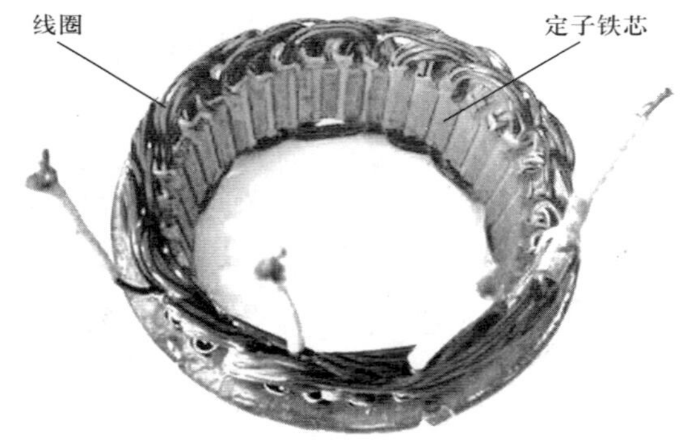

图 1–3–3　定子

（3）整流器

图 1–3–4 所示为整流器。整流器有正整流板和负整流板两个整流板。二极管压装或焊装在整流板上，二极管只有一个__引脚__，另一个引脚与整流板直接连接。若二极管的引线是二极管的阳极（正极），此整流板为__正__整流板；而负整流板上二极管的引脚为二极管的阴极（负极）。在正整流板上有一个输出接线柱（发电机的输出端）。负整流板直接__搭铁__。负整流板与壳体相连接。

图 1–3–5 所示为整流电路，三只正二极管负极端连接在一起时，正极端电位最高者导通；三只负二极管正极端连接在一起时，负极端电位最低者导通。每一瞬间都有一个正极二极管和一个负极二极管导通，使

图 1-3-4　整流器

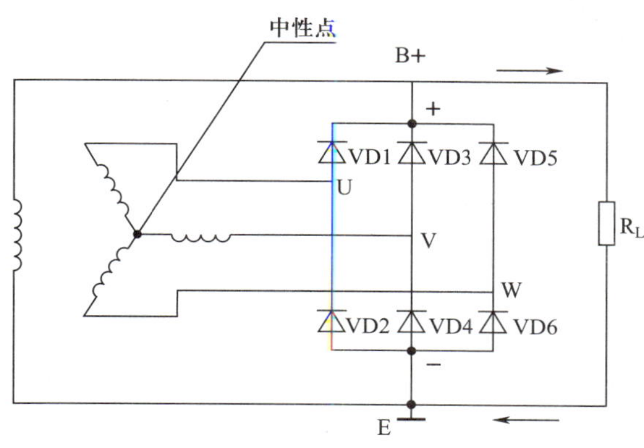

图 1-3-5　整流电路

电路形成回路。通过用电器件的就是直流电。发电机的绕组中有一点，此点与外部各接线端之间电压绝对值相等，此点就是＿中性＿点。

（4）电压调节器

电压调节器的作用是使发电机输出电压保持＿稳定＿。图 1-3-6 所示为电压调节器。电压调节器分为两类：内搭铁型电压调节器适用于内搭铁型交流发电机；外搭铁型电压调节器适用于外搭铁型交流发电机。

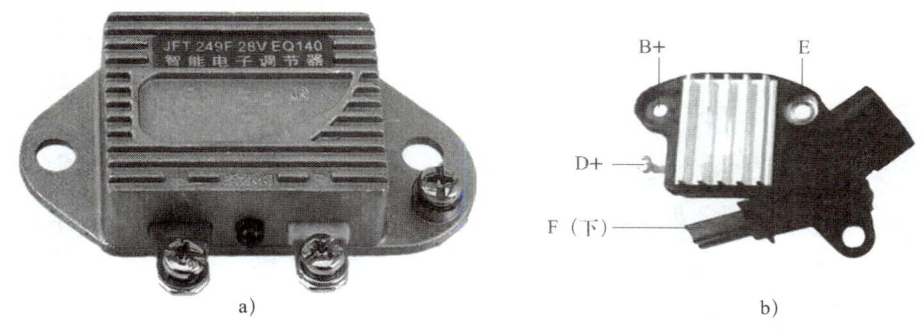

图 1-3-6　电压调节器

a）内搭铁型电压调节器　b）外搭铁型电压调节器

（5）端盖

端盖一般分为前端盖和后端盖两部分，如图 1–3–7 所示。端盖起固定转子、定子、__整流器__和电刷组件的作用。端盖一般用铝合金铸造，一是可有效地防止漏磁，二是铝合金散热性能__好__（好 / 差）。

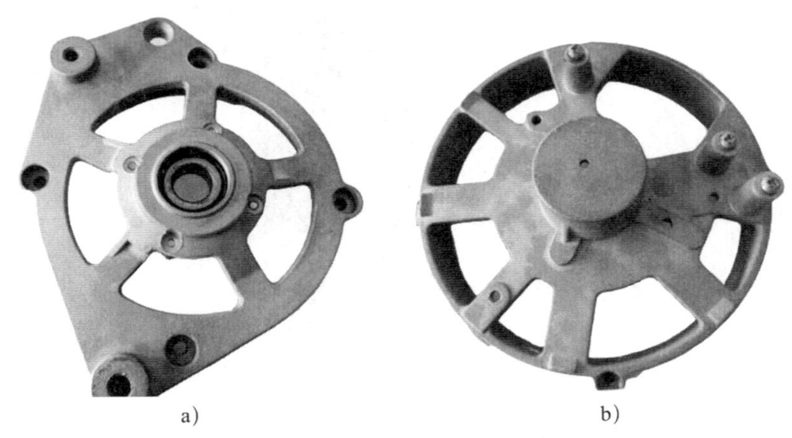

a)　　b)

图 1–3–7　前端盖和后端盖

a）前端盖　b）后端盖

后端盖上装有电刷组件，由电刷、__电刷架__和电刷弹簧组成，如图 1–3–8 所示。电刷的作用是将电源通过滑环引入__线圈__。两个电刷分别装在电刷架的孔内，借助弹簧压力与滑环保持接触。电刷和滑环的接触应良好，否则会因磁场电流过小导致发电机发电不足。

图 1–3–8　电刷组件

（6）传动带轮及风扇

交流发电机的前端装有传动带轮及风扇，如图 1–3–9 和图 1–3–10 所示。传动带轮由发动机通过传动带驱动，带动发电机的__转子__和风扇一起旋转。

发电机工作时，__定子__和励磁绕组中都会有热量产生，温度过高时会烧坏导线的绝缘体，导致发电机不能正常工作，所以必须为发电机散热。为了提高发电机的散热能力，有的发电机装有两个__风扇__（前后各一个）。

图 1–3–9　传动带轮

图 1–3–10　风扇

2．发电机的工作原理

交流发电机产生交流电利用的是＿电磁＿感应原理，即利用产生磁场的转子旋转，使穿过定子绕组的磁通量发生变化，在定子绕组内产生感应电动势，如图 1–3–11 所示。

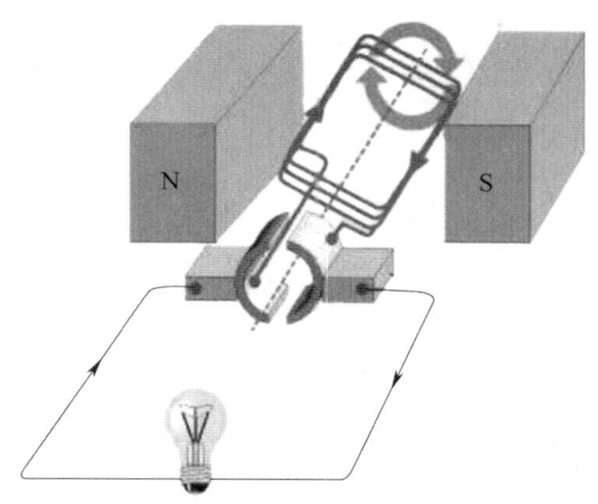

图 1–3–11　发电机的工作原理

交流发电机由定子、转子及整流器等组成。发电机三相定子绕组按一定规律分布在发电机的定子槽中，彼此相差 120° 电角度，转子是产生旋转磁场的部件。

如图 1–3–12 所示，当转子旋转时，磁场交替地在定子铁芯中间穿过，形成一个＿旋转磁场＿，它与固定不动的三相定子绕组之间产生＿相对运动＿，在三相定子绕组中产生了＿三相交流电动势＿，各电动势的频率相同，幅值相等，相位角相差＿120°＿。

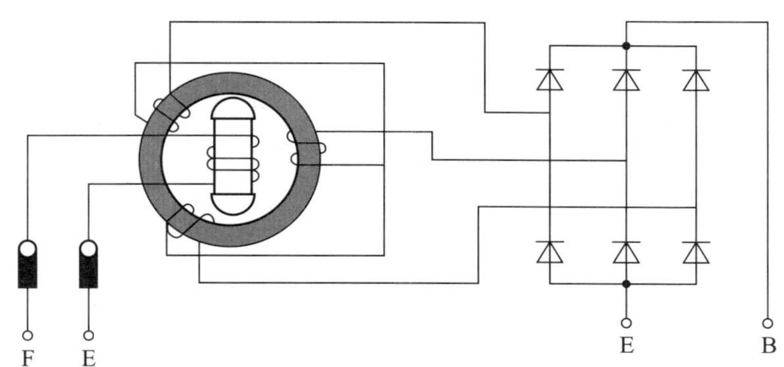

图 1–3–12　发电机的工作电路示意图

三、发电机的类型

汽车发电机可分为直流发电机和交流发电机两大类，由于交流发电机在许多方面的性能优于直流发电机，所以直流发电机已被淘汰，目前汽车均采用交流发电机。

1．按照发电机总体结构分类

按照总体结构不同，交流发电机可分为普通交流发电机、＿整体式＿交流发电机、带泵交流发电机、＿无刷＿交流发电机和＿永磁＿交流发电机等。

2．按照磁场绕组搭铁形式分类

按照磁场绕组搭铁形式不同，交流发电机可分为内搭铁型交流发电机和外搭铁型交流发电机两大类，如图 1–3–13 所示。

（1）内搭铁型交流发电机是磁场绕组的一端（负极）直接<u>搭铁</u>的发电机（与壳体相连）。

（2）外搭铁型交流发电机是磁场绕组的两端接入<u>端盖</u>，但磁场绕组的两只电刷都与壳体绝缘的发电机。

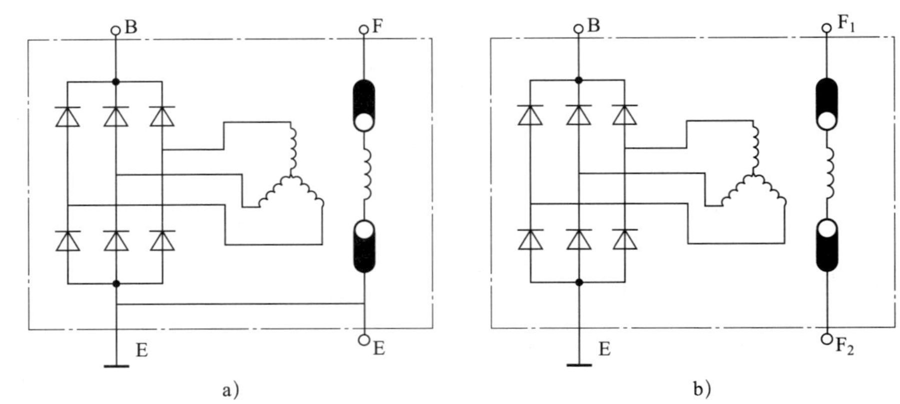

图 1–3–13 交流发电机按照磁场绕组搭铁形式分类

a）内搭铁型交流发电机电路 b）外搭铁型交流发电机电路

四、发电机的常见故障

发电机的常见故障有：发电机传动带松动、发电机异响、发电机不发电等，可能的故障原因有：<u>传动带失效、发电机轴承松旷、发电机内部故障等</u>。

五、发电机的检查与更换

根据发电机的常见故障及可能的故障原因，进行发电机的检查与更换。

1．发电机的检查

（1）检查发电机传动带轮安装是否牢靠，锁止功能是否良好。

（2）检查发电机的传动带外观、挠度和张力，张力应为<u>50 ~ 70 kgf</u>。

（3）如图 1–3–14 所示，检查发电机线束连接器是否松动，线束连接器分别为<u>B</u>、<u>L</u>，应保证连接牢靠。

（4）检查发电机是否有异响。

（5）检查充电指示灯电路是否正常。

2．发电机的拆卸

（1）拆卸发电机线束固定卡夹，取下发电机线束。

（2）如图 1–3–15 所示，拆卸发电机输出端子<u>“B”</u>上的螺栓，并取下连接线束端子。

（3）拆卸发电机连接线束插头<u>L</u>。

图 1–3–14　检查发电机线束连接器

图 1–3–15　拆卸发电机输出端子

（4）按图 1–3–16 所示拆卸发电机上部固定螺栓，发电机传动带由__调整螺栓__调整。

图 1–3–16　拆卸发电机上部固定螺栓

（5）拆卸发电机下部固定螺栓。

（6）取出发电机。

按照表 1–3–1 所示交流发电机的分解步骤完成发电机的分解，并将分解步骤补充完整。

表 1–3–1　　发电机的分解

序号	分解步骤	图示
1	拧下发电机端子“B”上的固定螺母，取下绝缘套管	

续表

序号	分解步骤	图示
2	拆下后端盖	
3	拧下电刷架上的__2__个螺栓	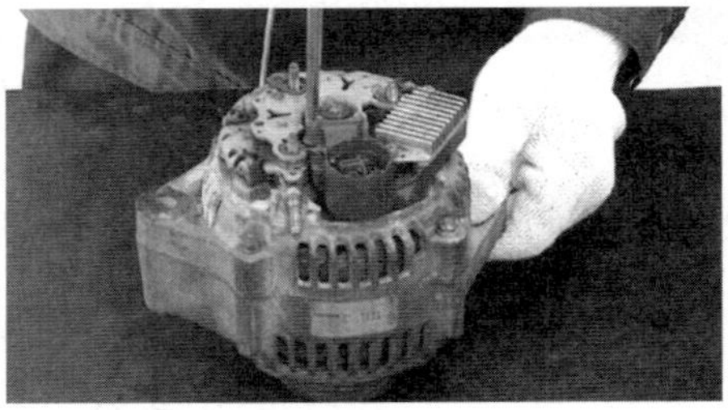
4	取下电刷架，注意要轻取__电刷__	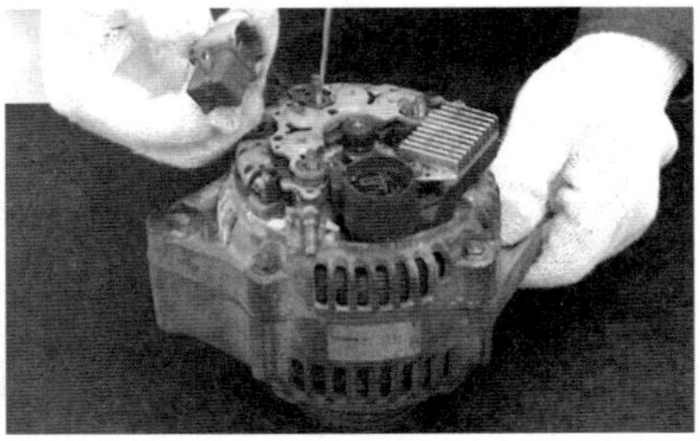
5	拧下电压调节器上的固定螺栓，取下__电压调节器__	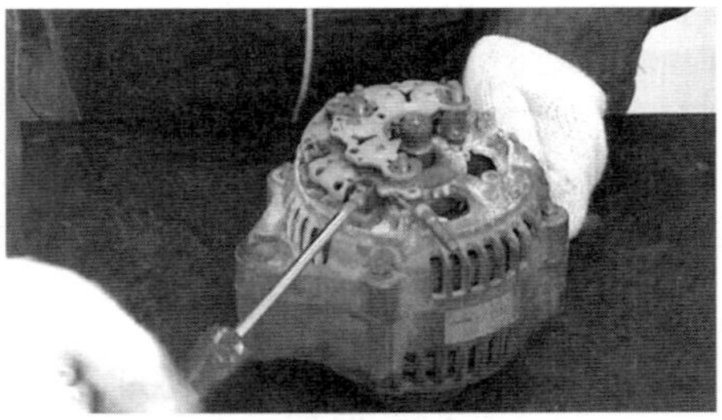
6	拧下整流器与三相绕组及中性点引线之间的连接螺栓，取下整流器	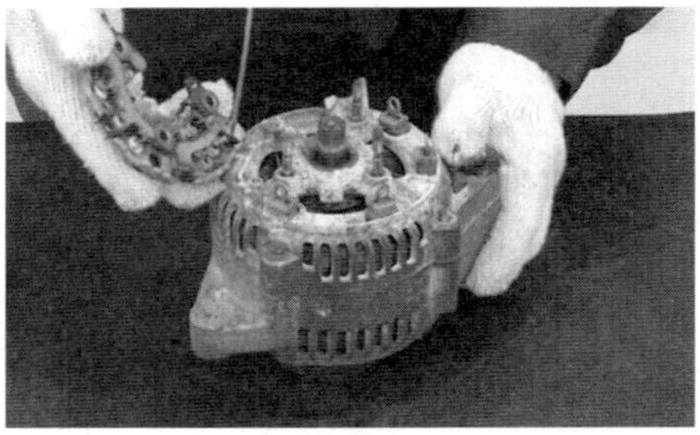

续表

序号	分解步骤	图示
7	用专用工具拆下定子总成并将其取出	
8	取出转子总成，发电机分解完毕	

3．发电机部件的检查

（1）在图 1-3-17 所示的空白处标出发电机解体件的名称。检查电刷，一般要求<u>其长度不小于原来的2/3，接触面积不小于截面积的 75%</u>。

滑环应满足<u>绝缘、无搭铁</u>的条件。

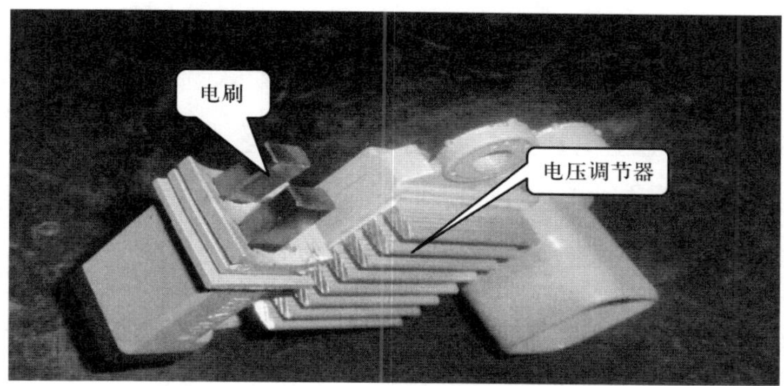

图 1-3-17　发电机解体件

（2）在图 1–3–18 所示的万用表空白处填写测得的实际测量值。

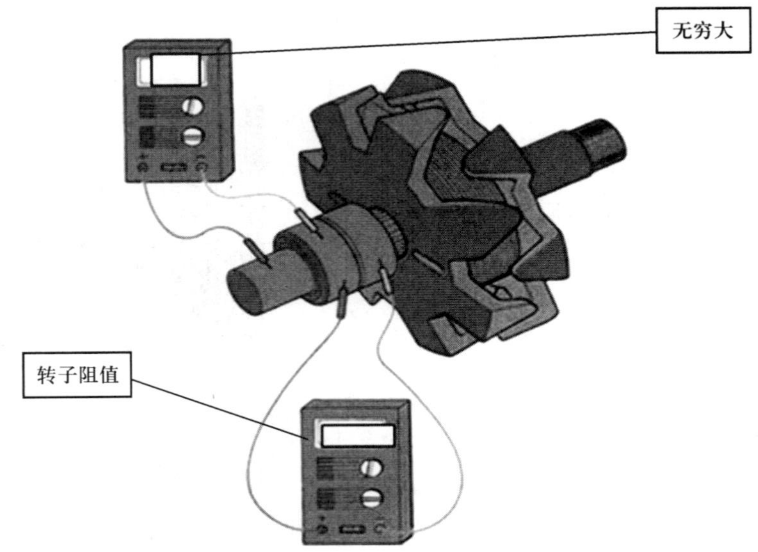

图 1–3–18　测量滑环的绝缘性

通过测量，能判断转子的使用状态为<u>正常</u>（正常 / 不正常）。除此以外，还要检查线圈的绝缘情况，如图 1–3–19 所示。测量线圈的电阻，判断导通情况，如图 1–3–20 所示。

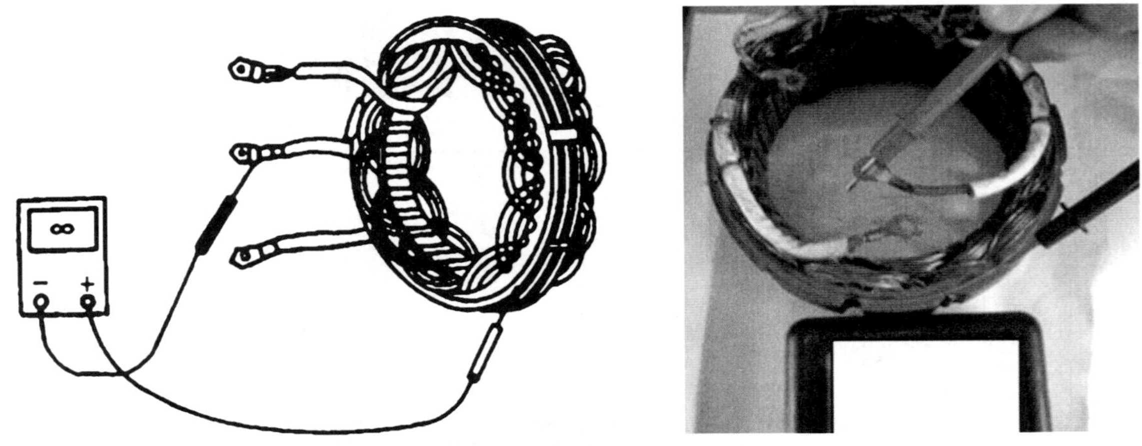

图 1–3–19　线圈的绝缘检测

（3）写出整流器的检测方法：<u>将引线分离，用万用表测量正、反向电阻</u>。

检测结果是<u>正向电阻为规定值，反向电阻为无穷大</u>。

（4）检查发电机传动带轮，应<u>运转顺畅、灵活</u>、无卡滞。

4．发电机的组装及注意事项

（1）按照与拆卸时相反的顺序进行发电机的组装。

（2）在紧固各部件螺栓、螺母时，要按照其正确顺序和扭矩进行紧固。

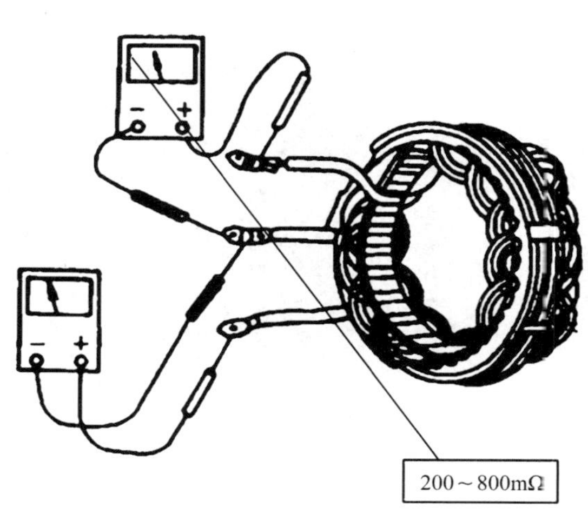

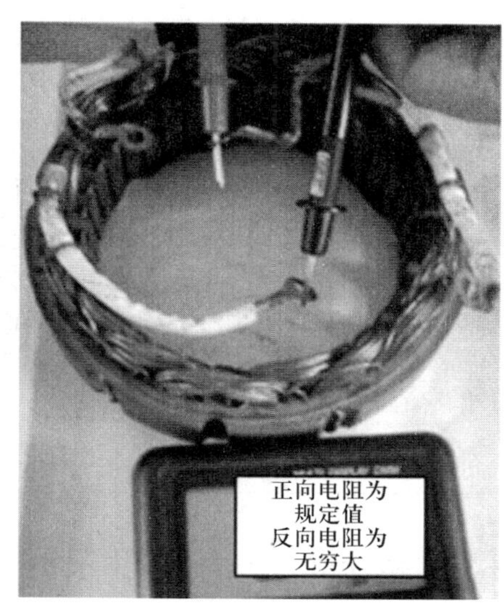

图 1–3–20　线圈的电阻检测

（3）组装后端盖元件时，应保证后端盖与元件板、各接线柱有良好的绝缘（用万用表检查）。

（4）组装后，转子轴应转动自如，无松旷、碰擦和卡滞现象。

5．发电机装复后的检查

按照表 1–3–2 所示发电机装复后的检查步骤完成检查，并将检查步骤补充完整。

表 1–3–2　　发电机装复后的检查

序号	检查步骤	图示
1	旋转发电机传动带轮，若转动灵活、无卡滞现象，表明<u>传动带轮及轴承</u>完好	
2	检查发电机外壳，若无裂纹、破损现象，表明发电机外壳完好	

续表

序号	检查步骤	图示
3	选择万用表的电阻挡，用万用表的黑表笔接发电机的 B 接线柱，用万用表的红表笔接发电机端盖，若测得的电阻值为 40 ~ 50 Ω，说明发电机无故障；若测得的电阻值为 10 Ω 左右，说明发电机内有失效的二极管，需拆检发电机；若测得的电阻值为 0，说明发电机内的二极管被击穿，应更换二极管。更换二极管后按上述方法重新检查发电机是否恢复正常	

六、学习活动评价

学习活动评价见表 1–3–3。

表 1–3–3　学习活动评价表

班级		姓名		学号		日期	年　月　日
序号	评价要点				配分	得分	总评
1	能正确识读和填写工作页，明确学习活动要求				10		A □（86 ~ 100 分） B □（76 ~ 85 分） C □（60 ~ 75 分） D □（60 分以下）
2	能查阅资料，写出发电机的作用				10		
3	能查阅资料，写出发电机的组成				10		
4	能查阅资料，写出发电机的工作原理				10		
5	能查阅资料，写出发电机的类型				10		
6	能按规范流程，完成发电机的检查与更换				20		
7	能遵守劳动纪律，以积极的态度接受工作任务				10		
8	能积极参与小组讨论，发挥团队合作精神				10		
9	能及时完成教师布置的任务				10		
总　分					100		
小结建议							

学习活动 4　汽车充电电路简单故障检修

学习目标

1. 能描述汽车充电电路的作用。

2. 能描述汽车充电电路的组成，并进行汽车充电电路的识读。

3. 能分析并确定汽车充电电路的简单故障和原因。

4. 能进行汽车充电电路简单故障检修。

建议学时：4 学时。

学习过程

一、汽车充电电路的作用

汽车充电电路（即电源电路）的主要作用是向全车用电设备供电，其中，在汽车处于停转、起动等状态时，由<u>　蓄电池　</u>向全车用电设备供电；在汽车处于中高速运转状态时，由<u>　发电机　</u>向全车供电，同时给<u>　蓄电池　</u>充电。

二、汽车充电电路的组成

图 1–4–1 所示为普通汽车充电电路示意图，普通汽车充电电路由蓄电池、点火开关、<u>　发电机　</u>及充电指示灯等组成。接通点火开关，蓄电池给发电机转子提供励磁电流，此时发电机转速较低；随着发电机转速越来越高，发电量越来越大，发电机不仅能为自身提供电流，还能给<u>　蓄电池　</u>充电，这时充电指示灯由于发电机两端电压相同而<u>　熄灭　</u>。

图 1–4–2 所示为上海大众汽车带负载检测的充电电路示意图，除了常规部件外，还增加了<u>　车身电气控制单元 J519　</u>、<u>　网关 J533　</u>及发电机负载检测线 DFM，其中 J519 的作用为<u>　车身电气管理（负载管理、灯光管理）　</u>。发电机的 DFM 接线端连接发动机控制单元 J220，发电机的 DFM 接线端以脉宽调制的方式向发动机控制单元反馈当前转速下的负荷，发动机控制单元通过负荷数据来调整发动机转矩和转速，从而调节发电机的输出电压。发电机的 L 接线端连接车载网络控制单元 J519，L 接线端为发电机充电指示灯控制端，该信号输入到车载网络控制单元，然后以总线方式经网关 J533 传送到组合仪表控制单元，控制组合仪表内充电指示灯的点亮与熄灭。

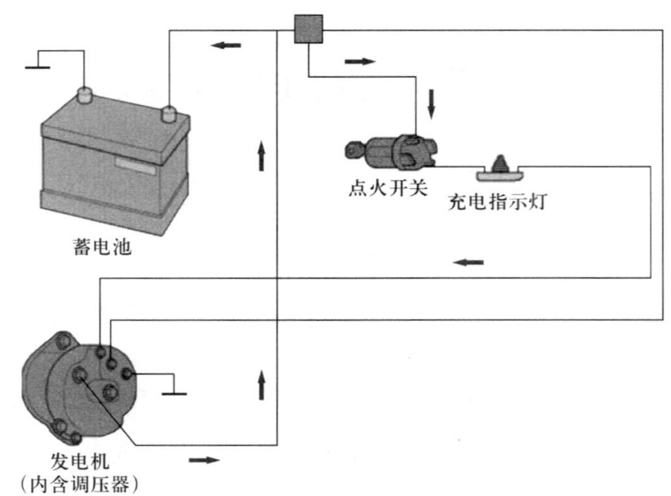

图 1-4-1　普通汽车充电电路示意图

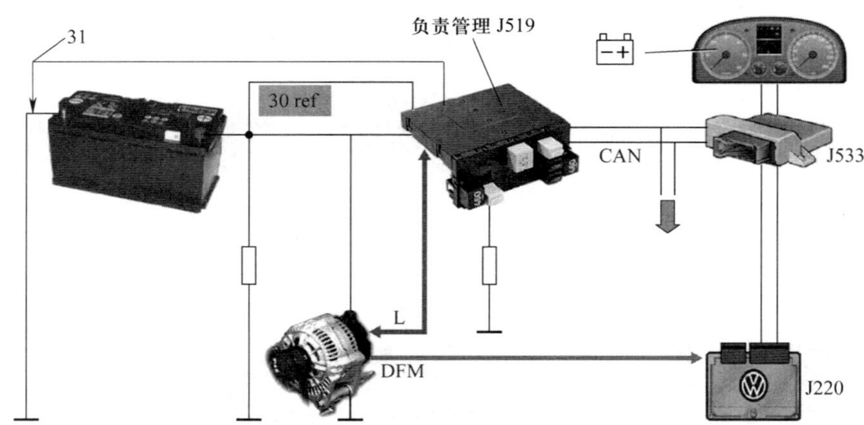

图 1-4-2　上海大众汽车带负载检测的充电电路示意图

图 1-4-3 所示为上海通用汽车充电电路示意图，在图中标出相关元件的名称。其中，发电机共有 3 个连接端子，分别为＿端子“L”＿、端子“F”及发电机输出电压端子＿“B”＿。ECM 为发动机控制单元，BCM 为车身控制单元，端子“L”为发动机控制单元输出的占空比 PWM 信号，可以结合用电负载的变化调节发电机的输出电压，端子“F”为发电机反馈线，为 ECM 提供磁场电压。

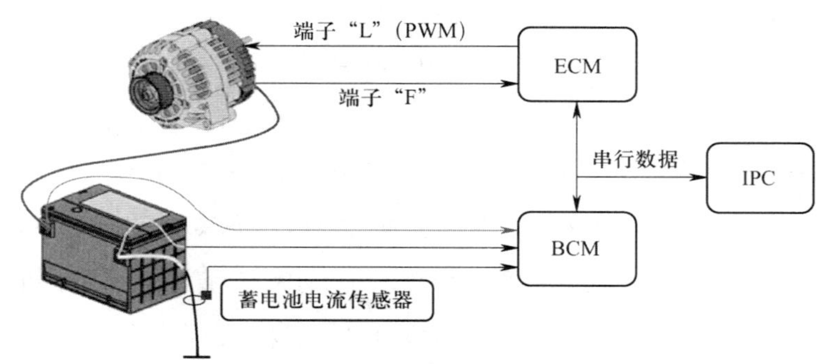

图 1-4-3　上海通用汽车充电电路示意图

三、汽车充电电路的识读

图 1–4–4 所示为丰田汽车的典型充电系统电路，其中内装集成电路调节器整体式交流发电机，具体包含发电机工作电路、充电电路及充电指示灯控制电路。

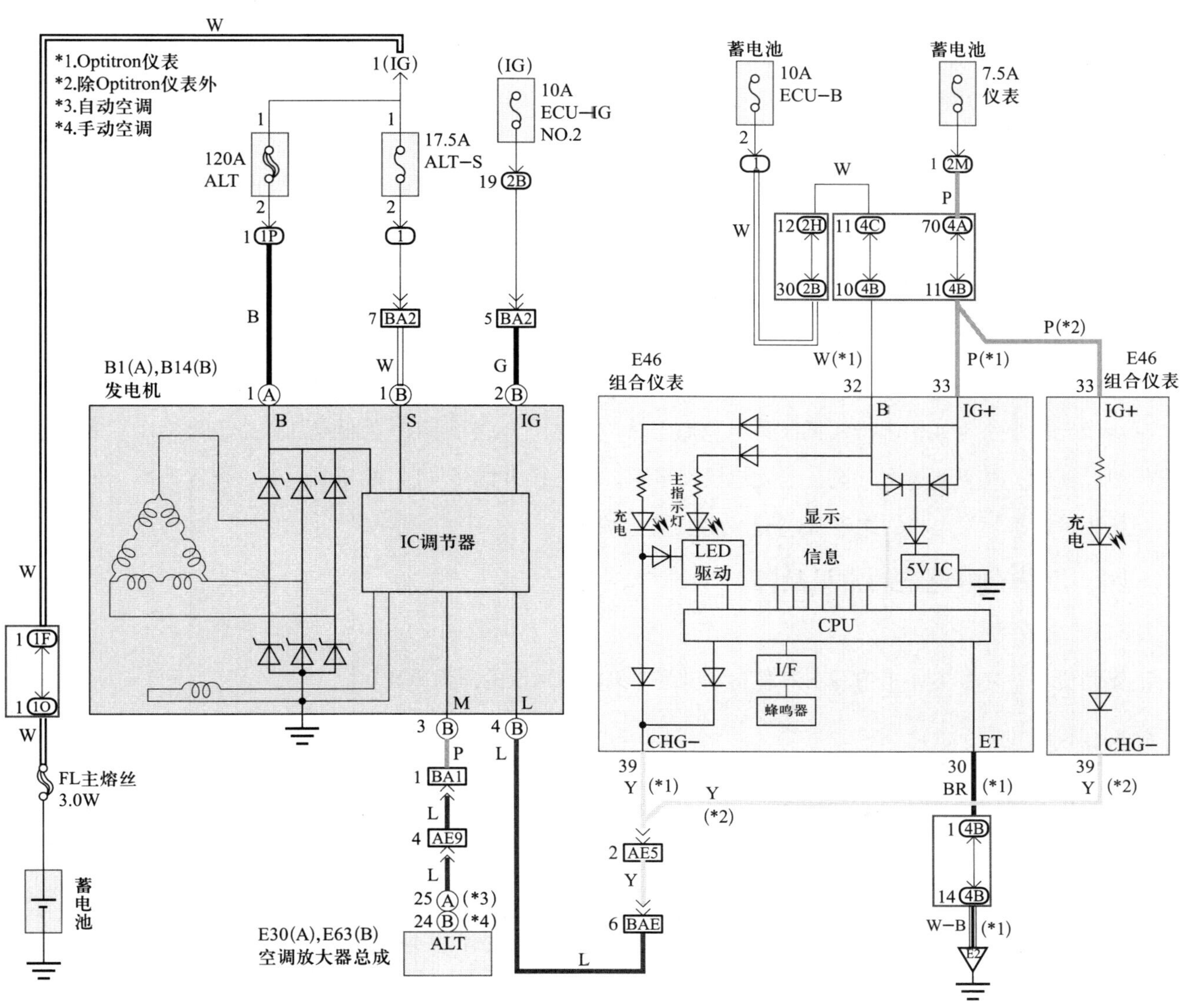

图 1–4–4　丰田汽车的典型充电系统电路

当发电机工作时，其工作电路通过 IC 调节器给其转子的磁场绕组供电，从而形成旋转磁场，转子旋转使定子绕组中感应出三相交流电，__三相交流电__经 6 个二极管形成的整流电路整流后成为__直流电__，直流电再通过充电电路给__蓄电池__充电，并给其他相关用电设备供电。发电机工作时由 B 端子“M”检测用电设备的负载并反馈给__发动机控制单元__，便于控制用电设备。发电机的输出电压由 IC 调节器通过调节__磁场绕组的电流__来实现，具体控制电路如下。

1．发电机工作电路

（1）发电机 B 端子“IG”为 IG 调节器供电端。当接通点火开关但未起动发动机时，蓄电池通过发电机

B端子“IG”给IC调节器提供电源。其工作电路为：从点火开关来的电压→ECU–IG NO.2熔丝（10 A）→发电机B端子“IG”。

（2）发电机B端子“S”为蓄电池端电压检测端。其检测电路为：蓄电池电压→FL主熔丝→17.5 A ALT–S熔丝→发电机B端子“S”。

（3）发电机B端子“M”接空调放大器总成，用于负载的检测，便于控制空调加热元件的数量，其工作电路为：发电机B端子“M”→BA1端子→AE9端子→空调放大器端子ALT。

2．充电电路

当发电机A端子“B”是交流发电机的输出端时，发电机给蓄电池充电。充电电路为：发电机A端子“B”→120 A熔丝→FL 3.0 W主熔丝→蓄电池→蓄电池接地点→发电机接地点。

3．充电指示灯控制电路

当发电机B端子“L”为充电指示灯控制端时，充电指示灯控制电路为：蓄电池电压→7.5 A仪表熔丝→组合仪表33接线柱→仪表内部充电指示灯→组合仪表39接线柱→发电机B端子“L”。

当发电机不发电或输出电压低于蓄电池电压时，发电机B端子“L”为低电压，在充电指示灯的两端有电压差，此时充电指示灯亮；当发电机发电后，发电机B端子“L”的电压上升，此时充电指示灯两端的电压相等，都为发电机的端电压，充电指示灯熄灭。

四、汽车充电电路的常见故障

1．分析故障原因

查阅资料，在表1–4–1中写出汽车充电电路常见故障可能的故障原因。

表1–4–1　汽车充电电路故障原因分析

故障现象	可能的故障原因
充电不良	发电机传动带过松或打滑
	磁场绕组与定子绕组、搭铁线匝间短路
	电刷接触不良、整流器或调节器损坏等
充电电流大	电压调节器性能不良
	线圈短路或搭铁
	个别二极管断路或损坏
充电电流小	发电机传动带打滑
	发电机调节器性能不良
	充电线路接触不良，如发电机滑环接触不良、电刷接触面小等

2．制定检修方案

根据任务要求，制定检修方案。

（1）根据具体工作内容，明确小组成员分工，填写在表 1–4–2 中。

表 1–4–2　　小组成员分工

姓名	分工
	（根据实际情况填写）

（2）根据要求列出所需主要工具及材料清单，填写在表 1–4–3 中。

表 1–4–3　　所需主要工具及材料清单

序号	工具及材料名称	单位	数量	备注
	（根据实际情况填写）			

（3）根据小组分工情况及客户要求，制定具体的检修工序，填写在表 1–4–4 中。

表 1–4–4　　检修工序安排

序号	工序内容	备注
	（根据实际情况填写）	

五、汽车充电电路简单故障检修

1．充电不良故障检修

（1）故障现象有充电指示灯亮、蓄电池电量不足和__前照灯灯光暗淡__。

（2）故障原因有__发电机__损坏、熔丝熔断和发电机__输出端子连接不良__。

（3）故障检测

1）检测发电机主熔丝是否正常。若主熔丝熔断，需更换主熔丝。

2）检查发电机端子“B”的螺母拧紧情况。若螺母松动，需紧固螺母。

3）如图 1–4–5 所示，检测发电机输出电压与__输出__电流。检测并记录蓄电池电压为__12__V；起动发动机，使发动机转速达到 2 000 r/min，此时检测蓄电池电压即发电机输出电压，应达到__14__V。如发电机输出电压无变化，说明发电机不能发电，随后检测发电机的磁场绕组供电是否正常，如不正常则需要拆检发电机。

图 1–4–5　检测发电机输出电压与输出电流

4）如图 1–4–6 所示，检查发电机端子“L”的接触状态及__松紧情况__，如断开端子“L”，接通点火开关且检测到端子“L”没有电压，则应检查充电指示灯控制电路，以保证充电指示灯控制电路正常工作。

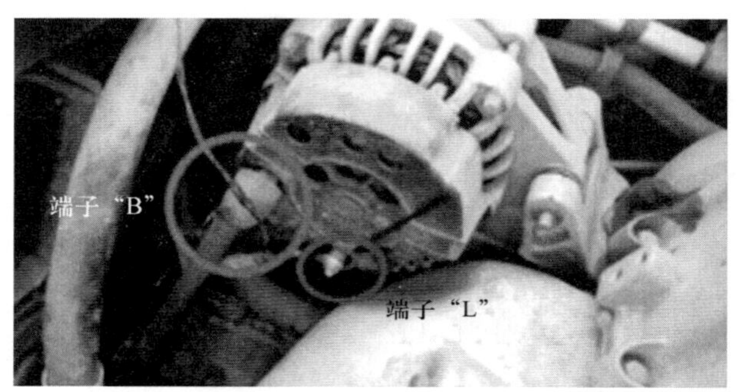

图 1–4–6　检查发电机端子“L”

2．充电电流大故障检修

（1）故障现象有充电指示灯灯丝经常断、蓄电池电解液溢出和__电解液消耗快__。

（2）故障原因有__电压调节器__调节电压过大、熔丝接触不良或线路断路。

（3）故障检修

1）检测充电电路的熔丝，如损坏应更换。

2）检查发电机 A 端子“B”螺母的松紧状态，若没有拧紧，则按规定扭矩拧紧。

3）检查 IC 调节器，对于装有晶体管调节器的充电系统，应检查发电机与 IC 调节器是否匹配，若有问题，则更换 IC 调节器；对于装有触点式调节器的充电系统，则应进行弹簧弹力及衔铁间隙的调整，使之符合要求。

3．充电电流小故障检修

（1）故障现象有蓄电池电量不足、汽车前照灯灯光暗淡和汽车喇叭声响沙哑。

（2）故障原因有发电机驱动传动带磨损或松动、__电压调节器损坏__和__充电电路接触不良__。

（3）故障检修

1）检查发电机驱动传动带状态是否正常。若发电机驱动传动带状态不正常，应及时调整。

2）检查发电机各端子连接状态、<u>检查发电机性能状态</u>、检查 IC 调节器、检查蓄电池连接端子，确保发电机处于正常工作状态。

六、学习活动评价

学习活动评价见表 1-4-5。

表 1-4-5　　学习活动评价表

<table>
<tr><td>班级</td><td></td><td>姓名</td><td></td><td>学号</td><td></td><td>日期</td><td>年　月　日</td></tr>
<tr><td>序号</td><td colspan="4">评价要点</td><td>配分</td><td>得分</td><td>总评</td></tr>
<tr><td>1</td><td colspan="4">能正确识读和填写工作页，明确学习活动要求</td><td>10</td><td></td><td rowspan="10">A □（86～100 分）
B □（76～85 分）
C □（60～75 分）
D □（60 分以下）</td></tr>
<tr><td>2</td><td colspan="4">能查阅资料，写出汽车充电电路的作用</td><td>10</td><td></td></tr>
<tr><td>3</td><td colspan="4">能查阅资料，写出汽车充电电路的组成</td><td>10</td><td></td></tr>
<tr><td>4</td><td colspan="4">能查阅资料，进行汽车充电电路的识读</td><td>10</td><td></td></tr>
<tr><td>5</td><td colspan="4">能查阅资料，写出汽车充电电路常见故障的原因</td><td>10</td><td></td></tr>
<tr><td>6</td><td colspan="4">能按规范流程，完成汽车充电电路简单故障检修</td><td>20</td><td></td></tr>
<tr><td>7</td><td colspan="4">能遵守劳动纪律，以积极的态度接受工作任务</td><td>10</td><td></td></tr>
<tr><td>8</td><td colspan="4">能积极参与小组讨论，发挥团队合作精神</td><td>10</td><td></td></tr>
<tr><td>9</td><td colspan="4">能及时完成教师布置的任务</td><td>10</td><td></td></tr>
<tr><td colspan="5">总　分</td><td>100</td><td></td></tr>
<tr><td>小结
建议</td><td colspan="7"></td></tr>
</table>

学习活动 5　工作总结与评价

学习目标

1. 能以小组形式，对学习过程和成果进行总结。
2. 能完成对学习过程的综合评价。

建议学时：2 学时。

学习过程

一、工作总结

在世界技能大赛中，选手应具有一定的组织规划、沟通、创新等能力，这在实际的生产工作中是十分必要的。以小组为单位，选择演示文稿、展板、海报、视频等形式中的一种或几种，向全班展示、汇报学习成果。

二、综合评价

针对本任务的学习情况，根据表 1–5–1 所列综合评价标准进行评分。

表 1–5–1　　综合评价标准

评价项目	评价内容及标准	配分	评分		
			自我评价	小组评价	教师评价
工作组织和管理	团队合作，合理计划，高效管理时间	3			
	定期检查工作进展和效果	3			
	保证高质量完成工作	4			
沟通能力	深度咨询客户，完全理解其要求	10			
	提供明确说明，准确回答客户的疑问	10			
计划创新能力	及时处理工作中遇到的问题	10			
	提出创新性、可行性建议，提高客户满意度	10			

续表

评价项目	评价内容及标准	配分	评分		
			自我评价	小组评价	教师评价
专业知识	具备汽车充电电路各部件的组成、功能、原理等知识	10			
	具备汽车充电电路故障检修知识	10			
实践能力	具备汽车充电电路检修技能	5			
	具备蓄电池、发电机的拆装与检修技能	5			
	具备汽车充电电路识读技能	10			
	具备汽车充电电路简单故障检修技能	10			
学生姓名		综合评价得分			
指导教师		日期			

三、学习任务一整体评价

学习任务一整体评价见表 1–5–2。

表 1–5–2　　学习任务一整体评价表

项目	自我评价			小组评价			教师评价		
	10～9 分	8～6 分	5～1 分	10～9 分	8～6 分	5～1 分	10～9 分	8～6 分	5～1 分
	占总评 10%			占总评 30%			占总评 60%		
学习活动 1									
学习活动 2									
学习活动 3									
学习活动 4									
学习活动 5									
协作精神									
纪律观念									
表达与分析能力									
工作态度									
任务总体表现									
小计分									
总评分									

世赛知识

车身修理项目

世界技能大赛车身修理项目是指通过车身校正平台和相关的测量设备，检测车身损伤程度并修复结构损伤至原厂技术参数的竞赛项目。比赛中对选手的技能要求主要包括：诊断与校正；更换需要焊接的面板和部件；拆卸、重装或更换以及重组内外部件和面板；正确选择、组装和使用工具或设备；修复车身相关部件，如车身电气诊断、塑料件修复和玻璃更换等。

一、车身修理项目考核要点

1．对车身结构及覆盖件严重损坏的汽车进行修复的能力。

2．选手通过测量及校正设备，检测车身损伤及变形的程度。

3．校正并修复受损的车身及其他相关部分，最终将汽车车身维修至可以重新喷漆的状态。

二、车身修理项目比赛设置

模块 A：汽车车身诊断与修复

工作任务：在规定时间内，先对竞赛用车身底部进行测量并记录（共 6 对 12 个测量点，分别为 2 对基准点和 4 对测量点），然后再对前纵梁进行测量、记录，并按照现场裁判制定的数据进行校正。

模块 B：结构部件更换

工作任务：在规定时间内对提供的板件（A、B、C、D、E 板件）进行测量、画线、电阻点焊焊接、切割、焊点钻除、新件定位、气体保护焊焊接等操作。

模块 C：非结构部件更换

工作任务：在规定时间内对车身非结构板件（前翼子板）进行画线、切割、焊接、打磨、整形修复（仅对切割线正面两侧各 25 cm 范围区域进行修复）。

模块 D、E：面板维修及车身相关部件修理

工作任务：在规定时间内，使用外形修复工具及设备对损伤的车门外板进行修复，设置的损伤为条形损伤。

三、赛程

比赛时间：4 天，共 22 h（各模块的用时由选手在 22 h 内统筹调配）。

大赛基本内容按此设置，每一届世界技能大赛及国内选拔赛会有不同的调整，具体以比赛公布文件为准，但比赛整体考察内容基本相同。

四、历届成绩

第 43 届世界技能大赛在巴西圣保罗举行，我国选手罗良在世界技能大赛车身修理项目中获得银牌。

第 44 届世界技能大赛在阿联酋阿布扎比举行，我国选手杨山巍在世界技能大赛车身修理项目中获得金牌。

第 45 届世界技能大赛在俄罗斯喀山举行，我国选手徐澳门在世界技能大赛车身修理项目中获得金牌。

学习任务二　汽车起动机不工作故障检修

学习目标

1. 能识别起动系统的组成及各部件的安装位置。
2. 能描述起动系统的作用和类型。
3. 能进行起动系统的检查。
4. 能描述起动机的组成和各部件的功能。
5. 能描述起动机的类型和工作原理。
6. 能进行起动机的拆卸、检查和更换。
7. 能描述起动机控制电路的组成和作用。
8. 能进行起动机控制电路的识读。
9. 能分析并确定起动机控制电路的简单故障和原因。
10. 能进行起动机控制电路简单故障检修。
11. 能对维修场地设备进行日常维护保养，按“6S”管理规定要求清理现场。
12. 能对相关资料、互联网资源进行检索，完成检修工单和工作页的填写。
13. 能展示工作成果，进行任务评价，总结工作经验，优化检修方案。
14. 能在作业过程中严格执行企业操作规范、安全生产制度、环保管理制度，严格遵守从业人员的职业道德，具有吃苦耐劳、爱岗敬业的工作态度和职业责任感。

建议学时

16 学时。

工作情境描述

某客户在路边将汽车熄火等待约 1 h（等待期间使用过音响及点烟器）后，想再次起动汽车时发现汽车无法起动，转动汽车钥匙时能听到起动机起动的声音，但声响听起来十分微弱，且起动声音断断续续，其电磁开关有吸动的“嗒嗒”声。经班组长检查，初步判断为起动系统不工作故障。汽车修理工需要根据维修手册相关要求，在规定时间内，参照维修资料完成对起动系统的检查与零部件的更换工作，自检合格后交付班组长验收。

工作流程与活动

1．起动系统的认知（2 学时）

2．起动机的检查与更换（6 学时）

3．起动机控制电路简单故障检修（6 学时）

4．工作总结与评价（2 学时）

思维导图

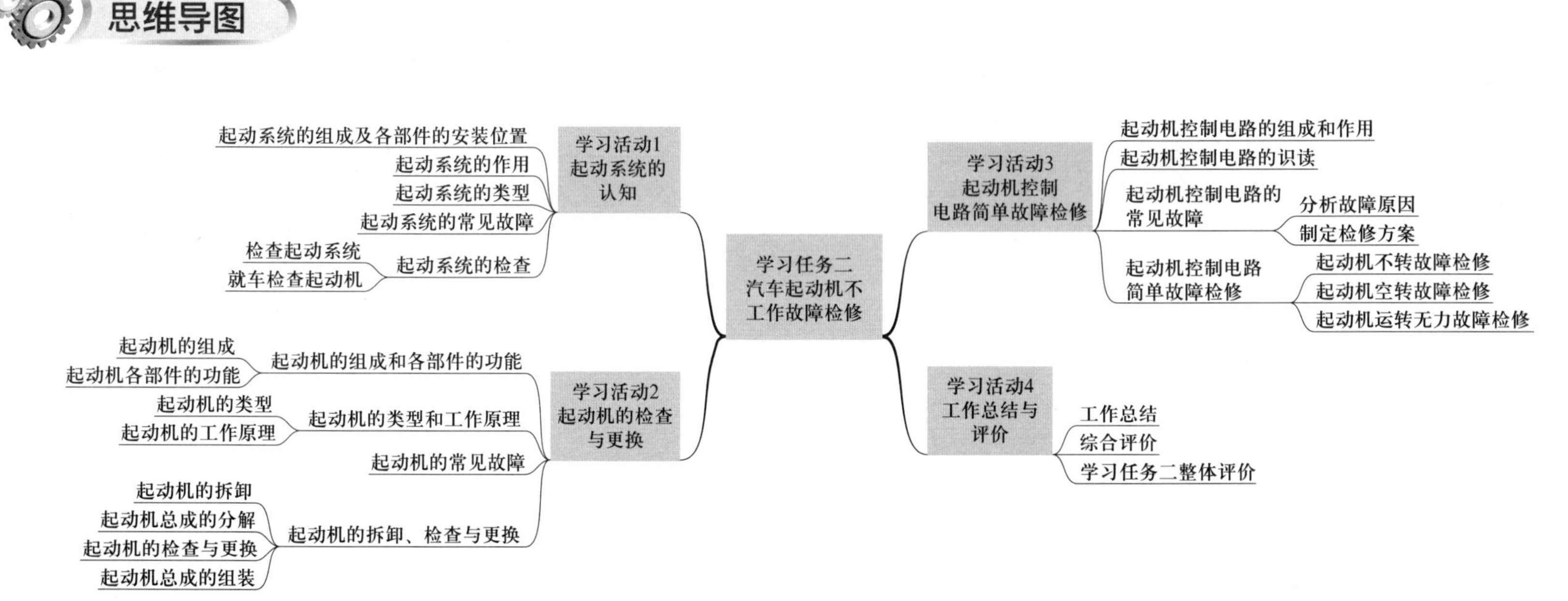
学习任务二
汽车起动机不工作故障检修
学习活动1
起动系统的认知
起动系统的组成及各部件的安装位置
起动系统的作用
起动系统的类型
起动系统的常见故障
起动系统的检查
检查起动系统
就车检查起动机
学习活动2
起动机的检查与更换
起动机的组成和各部件的功能
起动机的组成
起动机各部件的功能
起动机的类型和工作原理
起动机的类型
起动机的工作原理
起动机的常见故障
起动机的拆卸、检查与更换
起动机的拆卸
起动机总成的分解
起动机的检查与更换
起动机总成的组装
学习活动3
起动机控制电路简单故障检修
起动机控制电路的组成和作用
起动机控制电路的识读
起动机控制电路的常见故障
分析故障原因
制定检修方案
起动机控制电路简单故障检修
起动机不转故障检修
起动机空转故障检修
起动机运转无力故障检修
学习活动4
工作总结与评价
工作总结
综合评价
学习任务二整体评价

学习活动 1　起动系统的认知

学习目标

1. 能识别起动系统的组成及各部件的安装位置。
2. 能描述起动系统的作用与类型。
3. 能进行起动系统的检查。

建议学时：2 学时。

学习过程

一、起动系统的组成及各部件的安装位置

图 2–1–1 所示为起动系统的组成，起动系统由＿起动机＿和起动控制电路组成，主要包括蓄电池、点火开关、起动继电器和起动机等。

根据图 2–1–2 所示，查阅相关资料，对起动系统的组成零部件和安装位置进行认知，并将相应序号填入表 2–1–1 中。

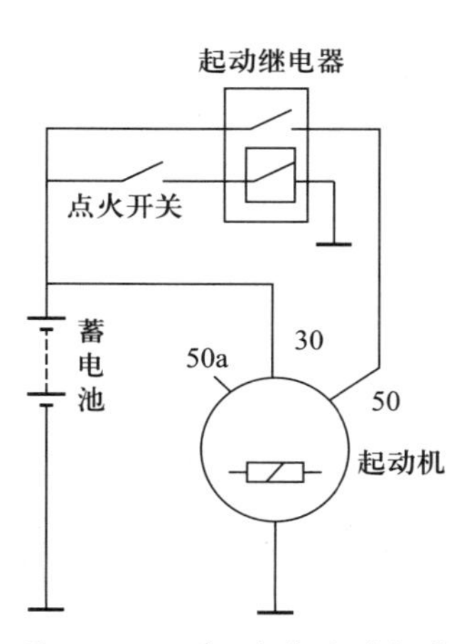

图 2–1–1　起动系统的组成

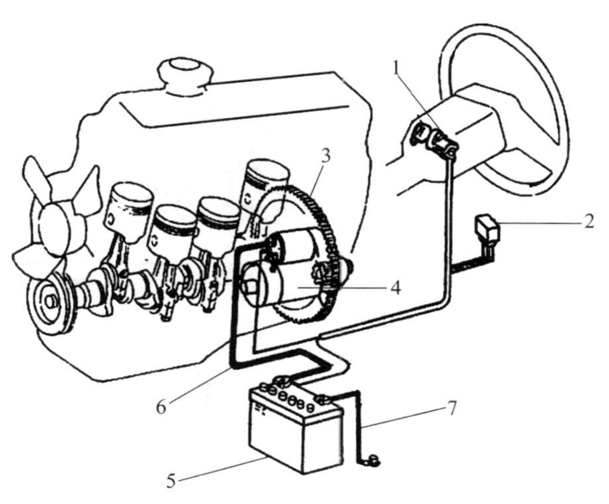

图 2–1–2　起动系统示意图

表 2-1-1　　起动系统的组成零部件

零部件名称	对应图 2-1-2 中的序号
蓄电池	5
起动机	4
点火开关	1
起动继电器	2
搭铁线	7
电源线	6
飞轮齿圈	3

查阅相关资料，将表 2-1-2 中起动系统零部件的名称与安装位置补充完整。

表 2-1-2　　起动系统零部件的认知

序号	图示	名称	安装位置
1		起动继电器	发动机舱继电器熔丝盒内
2		点火开关	转向盘周边
3		起动机	发动机后端飞轮一侧

二、起动系统的作用

汽车发动机必须依靠外力带动曲轴旋转才能进入正常工作状态。起动系统的作用是起动发动机。起动机将蓄电池的__电能__转换成__机械能__，并通过驱动机构将__机械能__传递给发动机__飞轮__，直到发动机能在自身动力作用下自行运转为止。

三、起动系统的类型

按照控制方式不同，起动系统可分为无起动继电器控制的起动系统、__起动继电器控制__的起动系统和模块控制的起动系统。

无起动继电器控制的起动系统包括蓄电池、<u>点火开关</u>和起动机等。

起动继电器控制的起动系统包括蓄电池、<u>点火开关</u>、<u>起动继电器</u>和起动机等。

模块控制的起动系统包括蓄电池、<u>点火开关</u>、<u>起动继电器</u>、起动机和车身控制单元（ECU）等。

四、起动系统的常见故障

起动系统的常见故障有：起动机不转、起动机旋转但无法起动发动机等，可能的故障原因有：<u>蓄电池电压不足、起动机故障、起动系统线路故障等</u>。

五、起动系统的检查

根据起动系统的常见故障及可能的故障原因，进行起动系统的检查。

1．检查起动系统

（1）检查并清洁蓄电池、<u>点火开关</u>、<u>起动机</u>和起动继电器及熔丝等所有连接线的连接端子，包括搭铁处的连接端子。

（2）检查起动机<u>电磁开关</u>主接线柱连接导线是否松脱。

（3）用万用表测试蓄电池正负极导线与正负极接线柱之间的电压，每根导线允许有不大于<u>0.5</u> V 的电压降。

（4）检查并确认线路布置，避开有可能造成电缆<u>短路</u>、<u>断路</u>或振动的部件。注意：在金属件处布线时，导线要套塑胶保护套。

2．就车检查起动机

（1）如图 2–1–3 所示，用旋具的金属部分（或金属条）短接起动机电磁开关上的端子“30”和端子“C”，如果起动机运转，表明<u>直流电动机</u>正常；否则，要拆下起动机进一步检查。

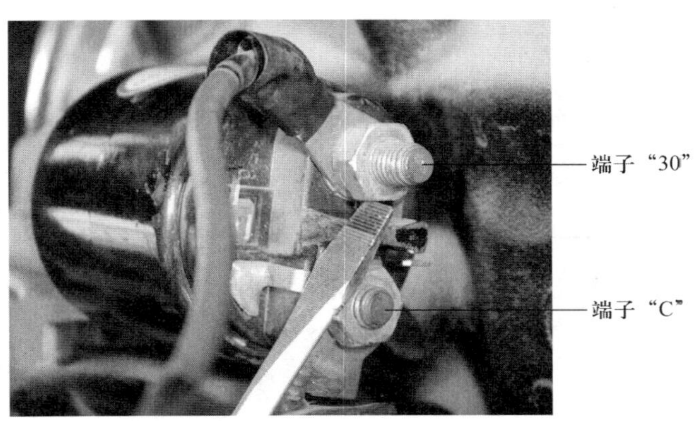

图 2–1–3　短接电磁开关两个端子

（2）如图 2–1–4 所示，在直流电动机正常的情况下，用旋具的金属部分（或金属条）连接起动机电磁开关端子“30”和端子“50”，如果起动机运转，则表明起动机<u>电磁开关</u>良好；否则便要拆下起动机进一步检查。

图 2–1–4　连接端子“30”和端子“50”

六、学习活动评价

学习活动评价见表 2–1–3。

表 2–1–3　学习活动评价表

<table>
<tr><td>班级</td><td></td><td>姓名</td><td></td><td>学号</td><td></td><td>日期</td><td>年　月　日</td></tr>
<tr><td>序号</td><td colspan="5">评价要点</td><td>配分</td><td>得分</td><td>总评</td></tr>
<tr><td>1</td><td colspan="5">能正确识读和填写工作页，明确学习活动要求</td><td>10</td><td></td><td rowspan="9">A □（86 ~ 100 分）
B □（76 ~ 85 分）
C □（60 ~ 75 分）
D □（60 分以下）</td></tr>
<tr><td>2</td><td colspan="5">能查阅资料，写出起动系统的组成及各部件的安装位置</td><td>15</td><td></td></tr>
<tr><td>3</td><td colspan="5">能查阅资料，写出起动系统的作用</td><td>15</td><td></td></tr>
<tr><td>4</td><td colspan="5">能查阅资料，写出起动系统的类型</td><td>15</td><td></td></tr>
<tr><td>5</td><td colspan="5">能按规范流程，完成起动系统的检查</td><td>15</td><td></td></tr>
<tr><td>6</td><td colspan="5">能遵守劳动纪律，以积极的态度接受工作任务</td><td>10</td><td></td></tr>
<tr><td>7</td><td colspan="5">能积极参与小组讨论，发挥团队合作精神</td><td>10</td><td></td></tr>
<tr><td>8</td><td colspan="5">能及时完成教师布置的任务</td><td>10</td><td></td></tr>
<tr><td colspan="6">总　分</td><td>100</td><td></td></tr>
<tr><td>小结
建议</td><td colspan="5"></td><td></td><td></td><td></td></tr>
</table>

学习活动 2　起动机的检查与更换

学习目标

1. 能描述起动机的组成和各部件的功能。
2. 能描述起动机的类型和工作原理。
3. 能进行起动机的拆卸、检查和更换。

建议学时：6 学时。

学习过程

一、起动机的组成和各部件的功能

1．起动机的组成

起动机通常由＿直流电动机＿、＿传动＿机构和＿操纵＿机构三部分组成。

图 2-2-1 所示为起动机的组成示意图，在图下方的横线上填写对应部件的名称。

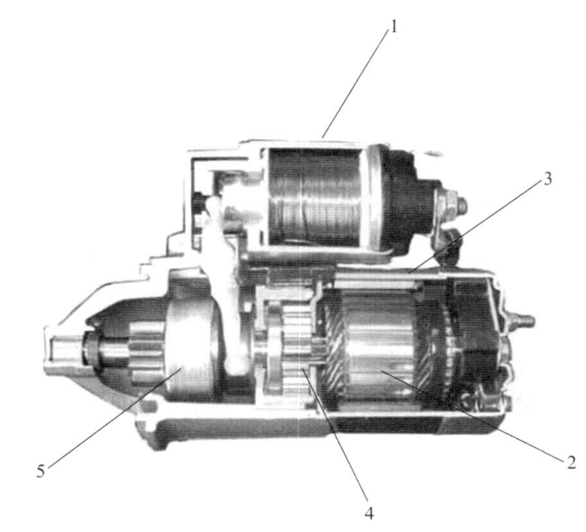

图 2-2-1　起动机的组成示意图

1—＿电磁开关＿　2—转子　3—定子　4—减速齿轮　5—＿单向离合器＿

（1）直流电动机

如图 2–2–2 所示，直流电动机主要由壳体、<u>转子</u>、<u>定子</u>、电刷、端盖等组成。直流电动机的作用是将<u>电</u>能转变为<u>机械</u>能，产生发动机起动时所需要的电磁转矩。

a）

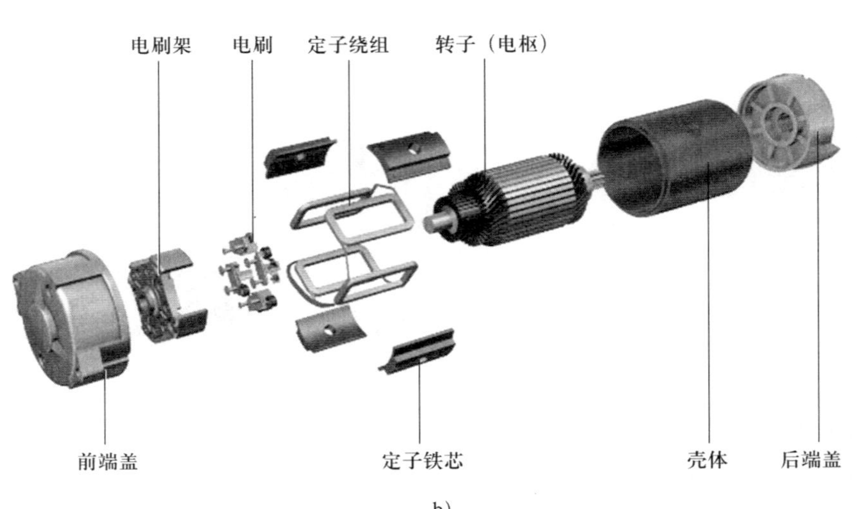

b）

图 2–2–2　直流电动机

a）实物图　b）分解图

（2）传动机构

如图 2–2–3 所示，传动机构由<u>驱动齿轮</u>、<u>啮合弹簧</u>、单向离合器和拨叉等组成，与电枢轴花键滑动连接。传动机构的作用是在发动机起动时，使驱动齿轮与<u>飞轮</u>啮合，将电动机的转矩传递给发动机飞轮，带动<u>发动机</u>旋转；在发动机起动后，使驱动齿轮打滑或与飞轮齿圈<u>脱开</u>。

（3）操纵机构

如图 2–2–4 所示，操纵机构主要是指起动机的<u>电磁</u>开关。操纵机构用来接通<u>直流电动机</u>与蓄电池之间的电路，同时控制拨叉将驱动齿轮推出与飞轮啮合。

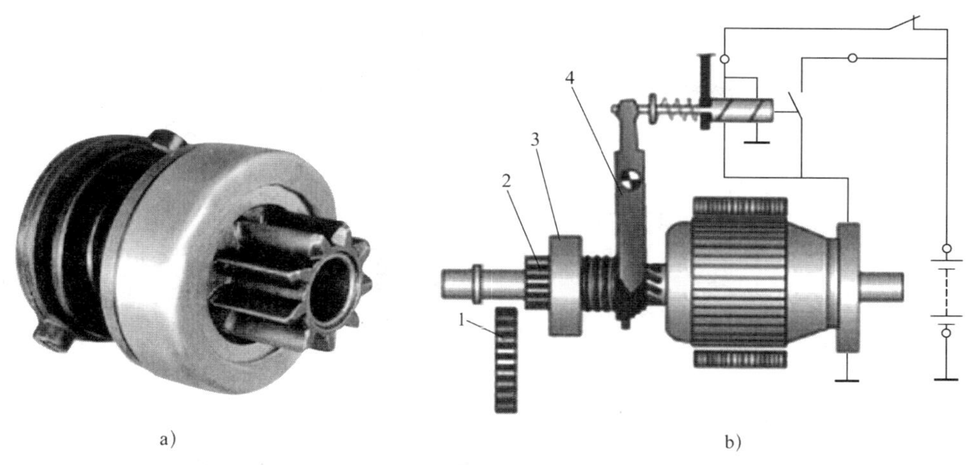

a)　　b)

图 2-2-3　传动机构

a）实物图　b）组成示意图

1—飞轮　2—驱动齿轮　3—单向离合器　4—拨叉

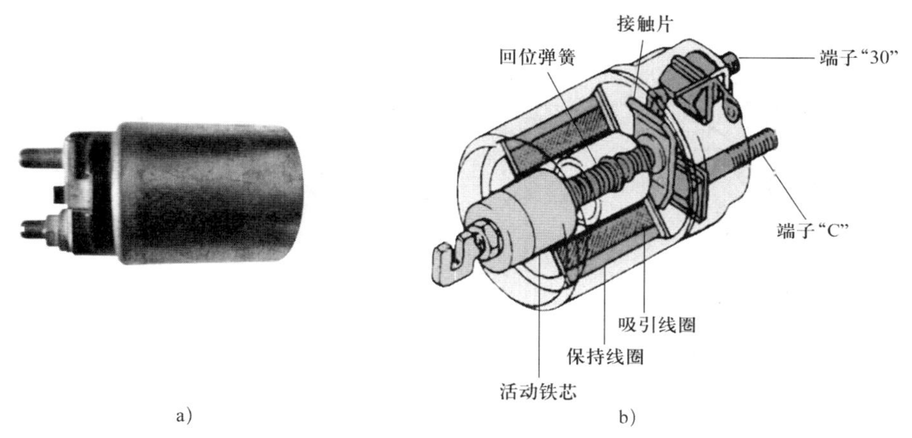

a)　　b)

图 2-2-4　电磁开关

a）实物图　b）组成示意图

2．起动机各部件的功能

完成下列起动机各部件与其功能的对应连线。

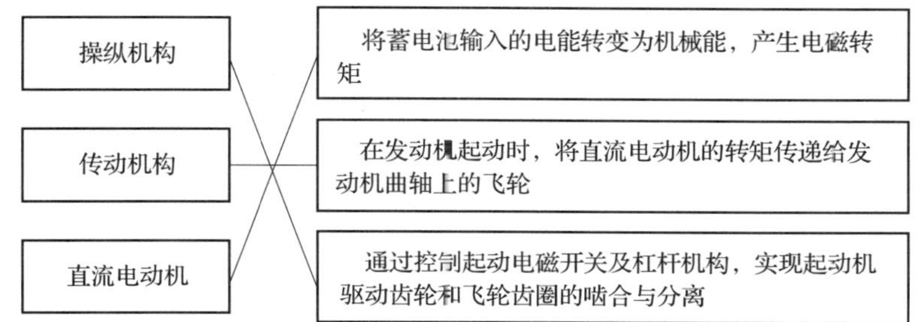

二、起动机的类型和工作原理

1．起动机的类型

按照传动机构和电枢转速的不同进行分类，起动机主要有以下类型。

（1）常规型：__直流电动机__和小齿轮按同种方式旋转的起动机。

（2）减速型：为了降低__直流电动机__转速并传送给小齿轮，在驱动器和驱动齿轮之间使用惰轮的起动机。

（3）行星型：使用行星齿轮来降低__直流电动机__转速的起动机，比减速型起动机结构紧凑且质量小。

观察本学习任务使用的起动机，判断其属于__行星__型起动机。

2．起动机的工作原理

起动机的工作原理可以通过其主要部件直流电动机的工作原理来说明。如图 2-2-5 所示，直流电动机是将电能转变为机械能的设备，根据带电导体在磁场中受到__电磁力__作用这一原理而制成。

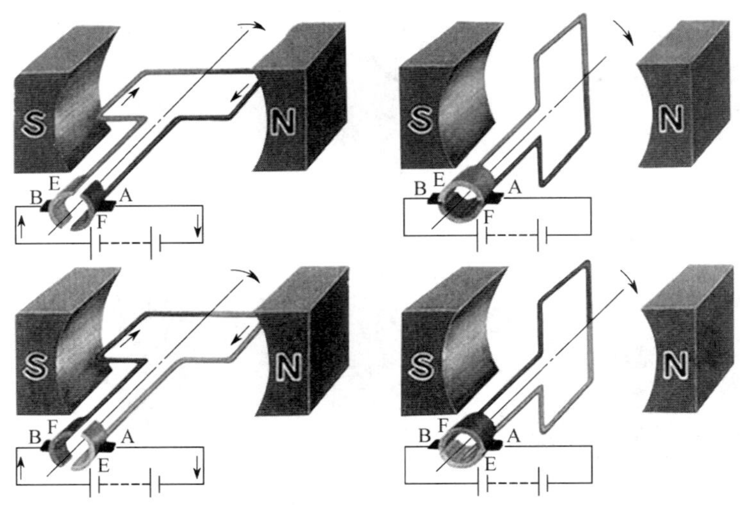

图 2-2-5　起动机的工作原理

由于一个线圈所产生的转矩太小，且转速不稳定，因此，实际上直流电动机的电枢上绕有__很多__线圈，换向片数也随着线圈的增多而相应增加，从而保证产生足够大的__转矩__和稳定的__转速__。

三、起动机的常见故障

起动机的常见故障有起动机不转、起动机运转无力、起动机空转和起动机运转不停等。完成下列起动机故障现象及可能故障原因的对应连线。

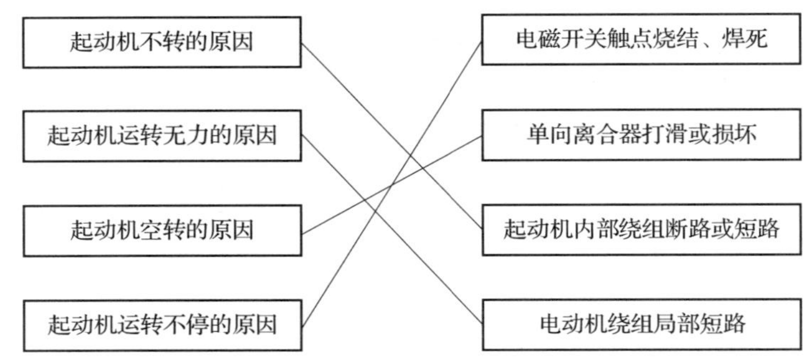

四、起动机的拆卸、检查与更换

根据起动机的常见故障及可能的故障原因，进行起动机的拆卸、检查与更换。

1．起动机的拆卸

（1）断开蓄电池＿负＿极。

（2）拆下起动机的＿端子“30”＿和＿端子“50”＿导线。

（3）拧松起动机安装＿螺栓＿，取下起动机。

2．起动机总成的分解

（1）如图 2-2-6 所示，用扳手旋下电磁开关的端子＿“30”＿及端子＿“50”＿的螺母，取下连接导线。

（2）如图 2-2-7 所示，旋下起动机贯穿螺钉和衬套螺钉，取下衬套座和端盖，取出垫片组件和衬套。

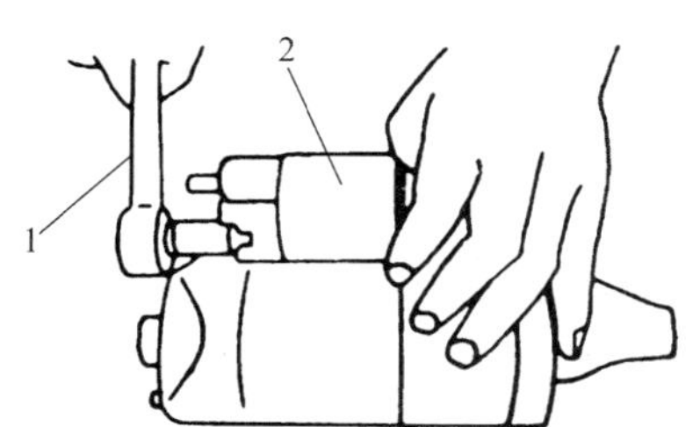

图 2-2-6　拆下电磁开关的导线

1—扳手　2—电磁开关

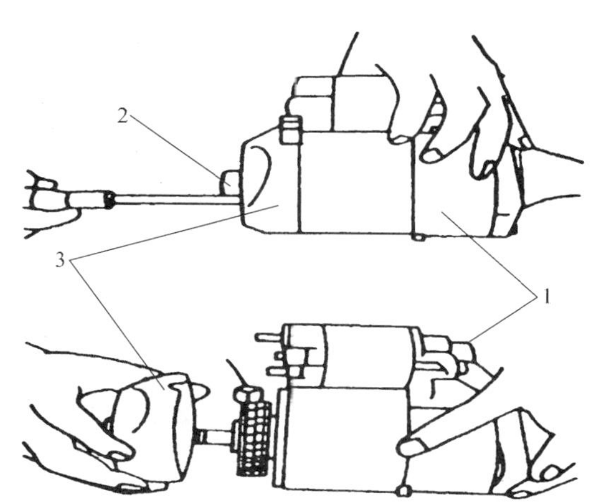

图 2-2-7　拧下起动机连接螺栓并取下端盖

1—贯穿螺钉　2—衬套螺钉　3—端盖

（3）如图 2-2-8 所示，用尖嘴钳将电刷弹簧抬起，拆下＿电刷架＿及电刷。

（4）如图 2-2-9 所示，取下定子后，用扳手旋下螺栓，从驱动端盖上取下电磁开关总成。

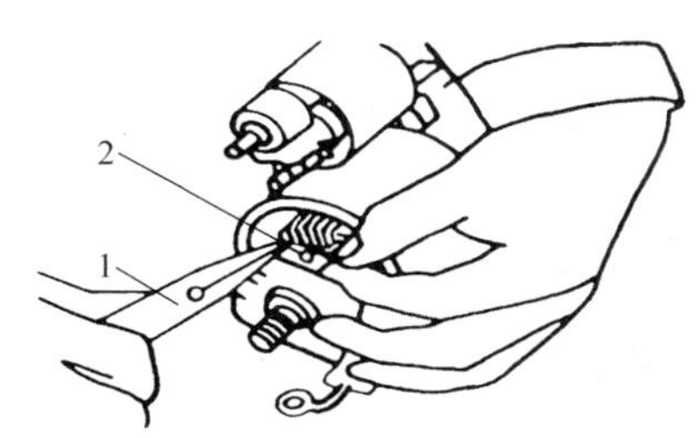

图 2-2-8　拆下＿电刷架＿及电刷

1—尖嘴钳　2—电刷弹簧

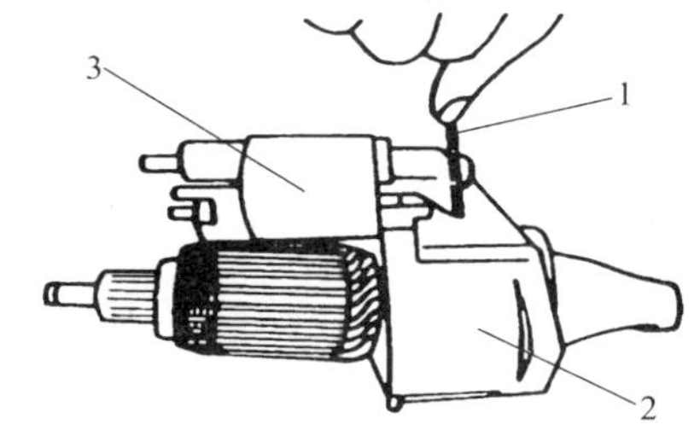

图 2-2-9　拆下电磁开关

1—扳手　2—驱动端盖　3—电磁开关总成

（5）如图 2-2-10 所示，在取出转子后，从端盖上取下拨叉，然后取出驱动齿轮与单向离合器，再取出驱动齿轮端衬套，起动机总成分解完毕。

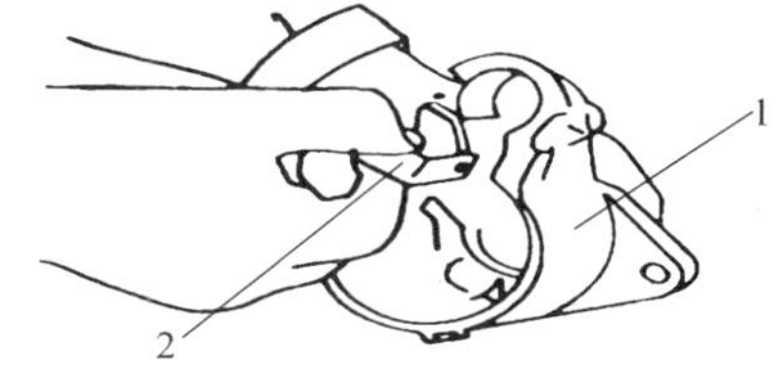

图 2-2-10　取下拨叉

1—端盖　2—拨叉

3．起动机的检查与更换

按照表 2-2-1 所示的起动机的检查与更换项目内容，完成起动机的检查与更换，并将结果记录下来。

表 2-2-1　起动机的检查与更换

序号	项目	内容	结果
1	电枢绕组搭铁检查	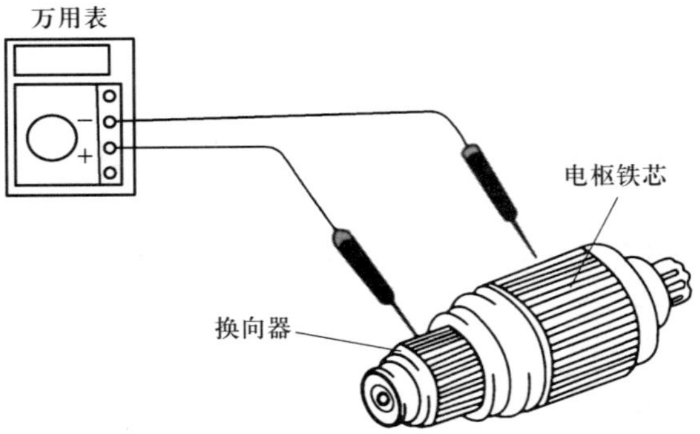 万用表 电枢铁芯 换向器 按图示检查电枢绕组是否搭铁。用万用表检查换向器与电枢铁芯之间的导通情况，应不导通；否则说明电枢绕组搭铁，需更换电枢	□不导通 □需更换
2	定子绕组断路检查	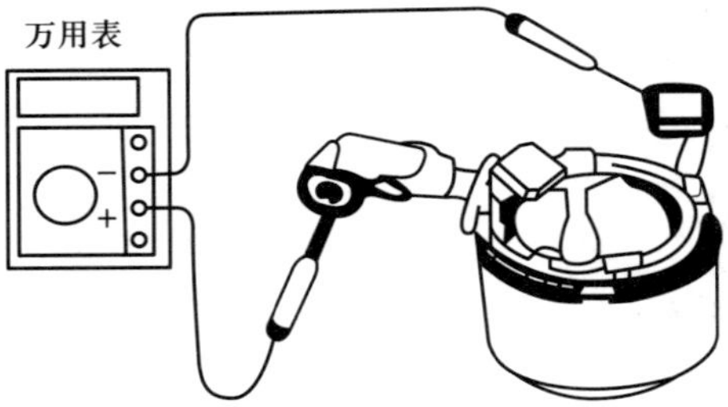 万用表 按图示检查定子绕组是否断路。用万用表检查引线与磁场绕组电刷引线之间的导通情况，应导通；否则需更换磁极框架	□导通 □需更换
3	定子绕组搭铁检查	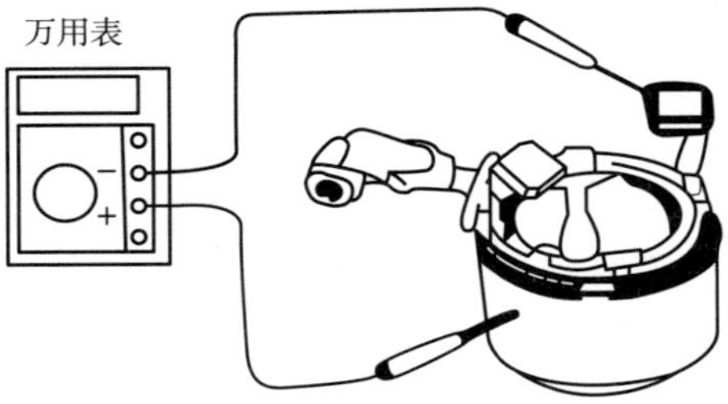 万用表 按图示检查定子绕组是否搭铁。用万用表检查磁场绕组末端与磁极框架之间的导通情况，应不导通；否则需更换磁极框架	□不导通 □需更换

4．起动机总成的组装

起动机总成的组装按照与上述分解的相反步骤进行，组装时需要使用高温润滑脂来润滑轴承、齿轮等的摩擦表面。

五、学习活动评价

学习活动评价见表 2–2–2。

表 2–2–2　　学习活动评价表

班级		姓名		学号		日期	年　月　日
序号	评价要点				配分	得分	总评
1	能正确识读和填写工作页，明确学习活动要求				10		A □（86 ~ 100 分） B □（76 ~ 85 分） C □（60 ~ 75 分） D □（60 分以下）
2	能查阅资料，写出起动机的组成和各部件的功能				20		
3	能查阅资料，写出起动机的类型				10		
4	能查阅资料，写出起动机的工作原理				10		
5	能按规范流程，完成起动机的拆卸、检查与更换				20		
6	能遵守劳动纪律，以积极的态度接受工作任务				10		
7	能积极参与小组讨论，发挥团队合作精神				10		
8	能及时完成教师布置的任务				10		
总　分					100		
小结建议							

学习活动 3　起动机控制电路简单故障检修

学习目标

1. 能描述起动机控制电路的组成和作用。
2. 能进行起动机控制电路的识读。
3. 能分析并确定起动机控制电路的简单故障和原因。
4. 能进行起动机控制电路简单故障检修。

建议学时：6 学时。

学习过程

一、起动机控制电路的组成和作用

图 2-3-1 所示为起动机控制电路的组成，包括蓄电池、起动机、起动继电器、点火开关等部件。查阅资料，将起动机控制电路接线端子的名称及作用填写在表 2-3-1 中。

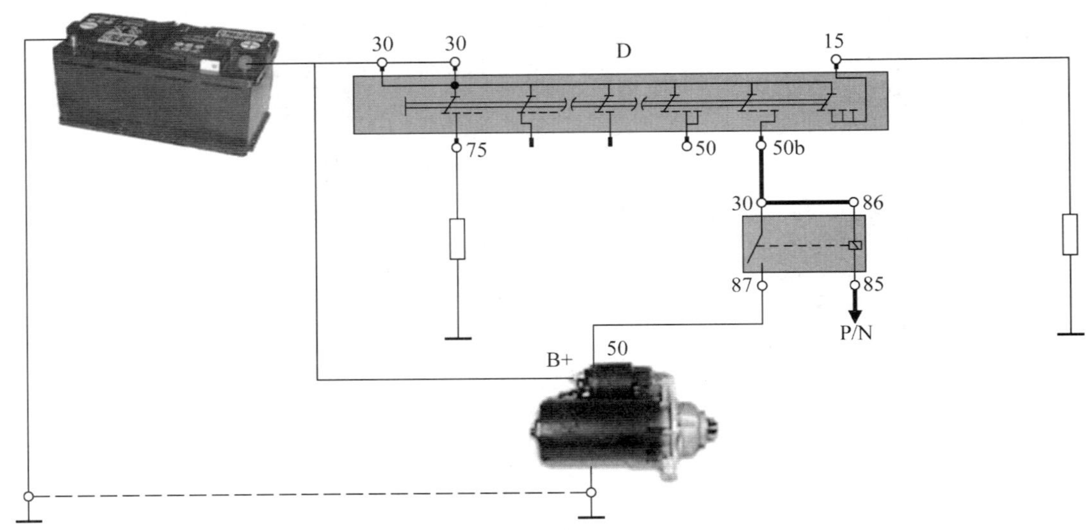

图 2-3-1　起动机控制电路的组成

表 2-3-1　　起动机控制电路的接线端子的名称及作用

部件	端子名称	作用
蓄电池	正极、负极	提供直流电源
起动机	30、50	产生电磁转矩
起动继电器	30、85、86、87	保护点火开关
点火开关	30、50 b	接通或断开电源

二、起动机控制电路的识读

1．图 2-3-2 所示为无起动继电器控制的起动系统控制电路，包括蓄电池、点火开关、起动机等，识读该控制电路并补充填写相关内容。

（1）当点火开关位于“起动（ST）”挡时，蓄电池正极→熔丝→点火开关“起动（ST）”挡→

起动机端子“50”{ →保持线圈→搭铁 ; →吸引线圈→端子“C”→定子线圈→转子线圈→搭铁 }→驱动小齿轮 11 缓慢旋转并甩出与飞轮 12 啮合。

（2）起动中，蓄电池正极→起动机端子“30”→端子“C”→定子线圈→转子线圈→搭铁，驱动小齿轮 11 高速旋转。

蓄电池正极→点火开关“起动（ST）”挡→起动机端子“50”→保持线圈→搭铁。

（3）“起动”后，点火开关“起动（ST）”挡断开，蓄电池正极→起动机端子“30”→

端子“C”{ →吸引线圈→保持线圈→搭铁 ; →定子线圈→转子线圈→搭铁 }→驱动小齿轮 11 复位并停止。

2．图 2-3-3 所示为起动继电器控制的起动系统控制电路，包括蓄电池、点火开关、起动继电器和起动机等。识读该控制电路并补充填写相关内容。

当点火开关置于“起动（ST）”挡时，蓄电池正极→熔丝→点火开关“起动（ST）”挡→起动机继电器线圈→搭铁。

蓄电池正极→熔丝→起动继电器触点→起动机端子“50”

蓄电池正极→起动机端子“30”

}→起动机→搭铁，起动机工作。

3．图 2-3-4 所示为模块控制的起动系统控制电路，包括蓄电池、点火开关、起动继电器、起动机和车身控制单元（ECU）以及熔丝、仪表板接线盒等。

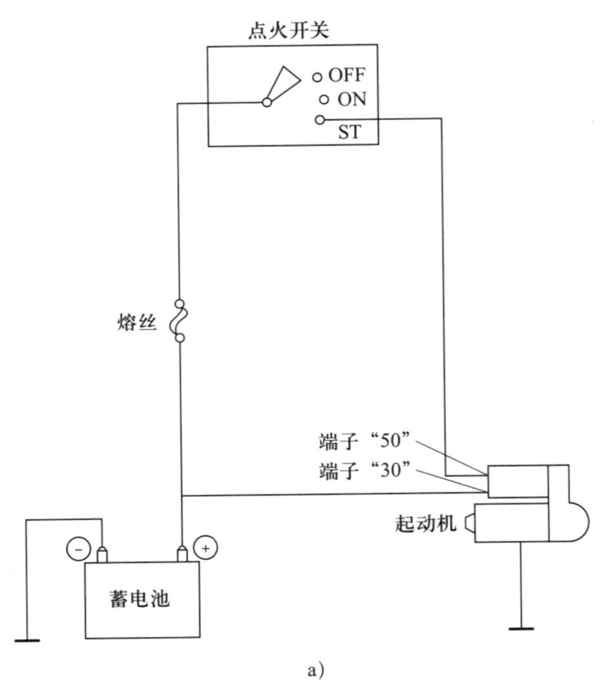

a）

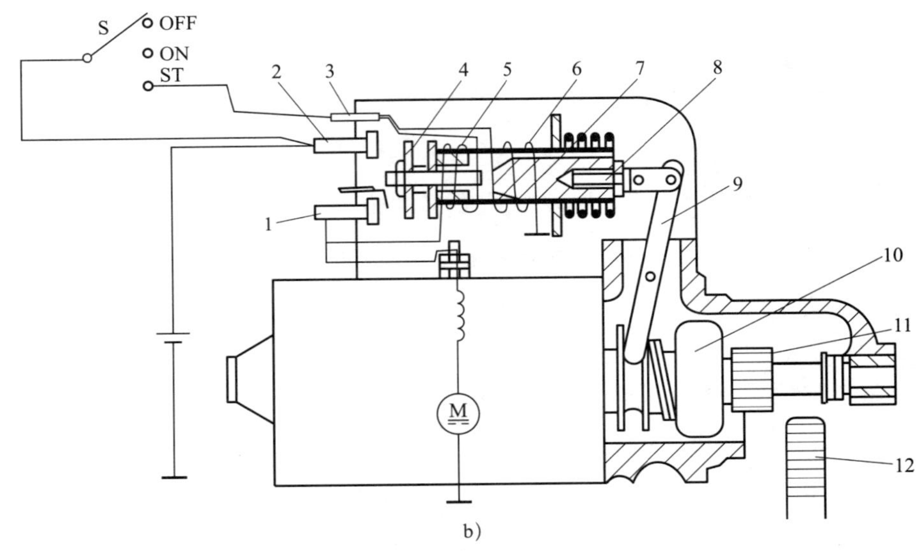

b）

图 2-3-2　无起动继电器控制的起动系统控制电路

a）控制电路图　b）起动系统内部接线示意图

1—端子“C”　2—端子“30”　3—端子“50”　4—接触盘　5—吸引线圈　6—保持线圈　7—铁芯　8—调节螺钉

9—拨叉　10—单向离合器　11—小齿轮　12—飞轮

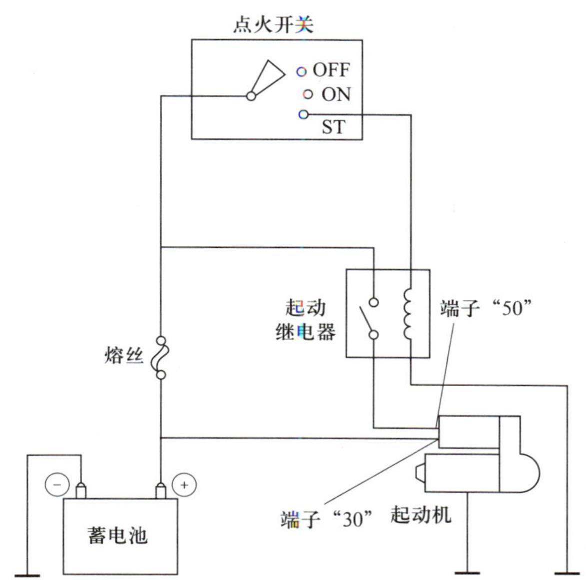

图 2-3-3　起动继电器控制的起动系统控制电路

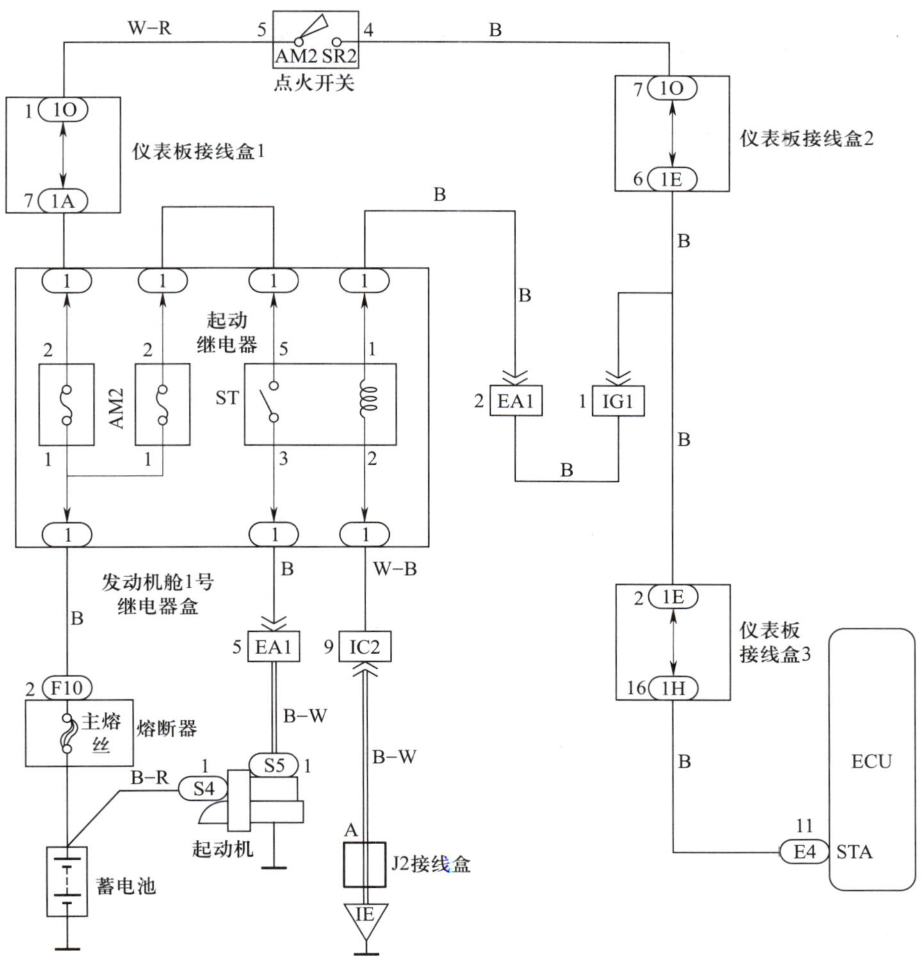

图 2-3-4　模块控制的起动系统控制电路

当点火开关处于“起动（ST）”挡时，接通控制电路。

（1）第一级控制电路：蓄电池正极→主熔丝→发动机舱 1 号继电器盒内 AM2 熔丝 →仪表板接线盒 1→点火开关→仪表板接线盒 2。

此时，控制电路被分成以下两条支路：

1）进入 ECU 插接器端子 STA，ECU 接收起动信号后，控制喷油控制电路等的动作。

2）进入起动继电器线圈，控制常开开关的闭合：起动继电器线圈→ IC2 插接器→ J2 接线盒 →搭铁→蓄电池负极。

（2）第二级控制电路：蓄电池正极→主熔丝→发动机舱 1 号继电器盒内 ST 熔丝→ 起动继电器开关 →EA1 插接器→起动机端子“S5”（吸引线圈和保持线圈）→搭铁→蓄电池负极。

此时，起动机电磁开关闭合，接通起动机主电路：蓄电池正极→起动机端子“S4”→ 起动机 →搭铁→蓄电池负极，起动机开始工作。

三、起动机控制电路的常见故障

1．分析故障原因

查阅资料，在表 2–3–2 中填写起动机控制电路故障可能的故障原因。

表 2–3–2　起动机控制电路故障原因分析

故障现象		可能的故障原因
起动机不转	起动机不转，但前照灯正常亮	起动机本身或线路故障
	起动机不转，前照灯明显变暗	蓄电池电量不足或搭铁不良
	起动机不转，前照灯不亮	蓄电池严重亏电
起动机空转	起动机旋转，发动机没有反应	起动机传动机构故障
	起动机旋转，发动机旋转但不起动	起动转矩不足，传动机构故障
起动机运转无力	起动机旋转缓慢，前照灯不亮	蓄电池电量不足
	起动机旋转缓慢，前照灯正常亮	直流电动机内部故障

2．制定检修方案

（1）根据具体工作内容，明确小组成员分工，填写在表 2–3–3 中。

表 2–3–3　小组成员分工

姓名	分工
	（根据实际情况填写）

（2）按照要求准备工量具及材料，并填写在表 2-3-4 中。

表 2-3-4　　作业需要的工量具

序号	工量具及材料名称	数量
1	（根据实际情况填写）	
2		
3		
4		
5		

（3）根据小组分工情况及客户要求，制定具体的检修工序，填写在表 2-3-5 中。

表 2-3-5　　检修工序安排

序号	检修工序内容	备注
	（根据实际情况填写）	

四、起动机控制电路简单故障检修

结合电路图 2-3-2，按照图 2-3-5 所示起动机控制电路检修流程，完成起动机控制电路的检查，判断故障部位，必要时按技术标准完成对起动系统主要部件的更换。

起动机控制电路出现故障时，应从蓄电池、<u>点火开关</u>、<u>起动机</u>等涉及整个起动系统的部位着手进行检查并排除故障。

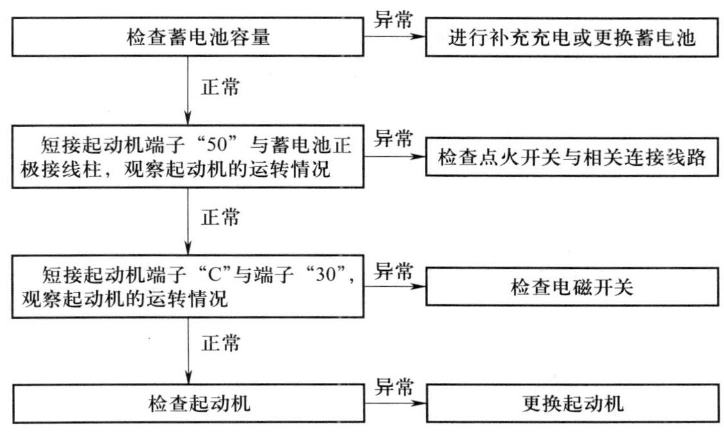

图 2-3-5　起动机控制电路检修流程

1．起动机不转故障检修

（1）检查蓄电池容量

测量蓄电池电压为 12 V，蓄电池容量为 90 A · h，检查蓄电池接线柱柱头 可靠 （可靠 / 松动 / 有腐蚀），起动机控制电路熔断器 正常 （正常 / 不正常），检查从蓄电池正极到熔断器之间的线路 通路 （通路 / 断路 / 短路）。检查前面这些内容所用的工具是 万用表 （万用表 / 蓄电池容量测试仪 / 其他）。通过上述操作，可以判断蓄电池 正常 。若蓄电池异常，应进行补充充电或更换蓄电池。

（2）短接起动机端子“50”与蓄电池正极接线柱，观察起动机的运转情况

短接后发现起动机 正常运转 （无反应 / 正常运转 / 电磁开关有吸合声，无运转 / 其他）。通过上述操作，可以判断起动机运转 正常 。若起动机运转异常，应检查点火开关相关线路。

（3）检查点火开关与相关连接线路

检查点火开关“起动（ST）”挡所用的工具是 万用表 （万用表 / 普通试灯 / 发光二极管 / 其他），点火开关的其他挡位 正常 （正常 / 不正常）。通过上述操作和检测结果，可以判断点火开关 正常 。若点火开关异常，应更换点火开关。

（4）短接起动机端子“C”与端子“30”，观察起动机的运转情况

短接后发现直流电动机 无反应 （无反应 / 空转 / 不正常转动），可以判断电磁开关 异常 。若电磁开关异常，应更换起动机。

（5）检查起动机

短接起动机开关接线柱，起动机仍然不转。从汽车上拆下起动机进行解体检测，确认故障原因并修复，将其重新装回汽车上。否则应更换起动机。

2．起动机空转故障检修

（1）短接起动机端子“C”与端子“30”，观察起动机的运转情况

短接后发现直流电动机 空转 （空转 / 不正常转动），可以判断电磁开关 异常 。若电磁开关异常，应更换起动机。

（2）检查起动机传动机构

从汽车上拆下起动机，将起动机解体后检测单向离合器，确定故障原因并修复，将其重新装回汽车上。否则应更换起动机。

3．起动机运转无力故障检修

（1）检查蓄电池容量

测量蓄电池电压为 12 V，蓄电池容量为 90 A · h，检查蓄电池接线柱柱头 可靠 （可靠 / 松动 / 有腐蚀），起动机控制电路熔断器 正常 （正常 / 不正常），检查从蓄电池正极到熔断器之间的线路 通路 （通路 / 断路 / 短路）。检查前面这些内容所用的工具是 万用表 （万用表 / 蓄电池容量测试仪 / 其他）。通过上述操作，可以判断蓄电池 正常 。若蓄电池异常，应进行补充充电或更换蓄电池。

（2）短接起动机端子“50”与蓄电池正极接线柱，观察起动机的运转情况

短接后发现起动机__正常运转__（无反应 / 正常运转 / 电磁开关有吸合声，无运转 / 其他）。通过上述操作，可以判断起动机运转__正常__。若起动机运转异常，应继续检查其他端子的工作情况。

（3）短接起动机端子“C”与端子“30”，观察起动机运转情况

短接后发现起动机的直流电动机__空转__（无反应 / 空转 / 不正常转动），可以判断电磁开关__异常__。若电磁开关异常，应更换起动机。

五、学习活动评价

学习活动评价见表 2-3-6。

表 2-3-6　　学习活动评价表

<table>
<tr><td>班级</td><td colspan="2"></td><td>姓名</td><td></td><td>学号</td><td></td><td>日期</td><td>年　月　日</td></tr>
<tr><td>序号</td><td colspan="6">评价要点</td><td>配分</td><td>得分</td><td>总评</td></tr>
<tr><td>1</td><td colspan="6">能正确识读和填写工作页，明确学习活动要求</td><td>10</td><td></td><td rowspan="10">A □（86 ~ 100 分）
B □（76 ~ 85 分）
C □（60 ~ 75 分）
D □（60 分以下）</td></tr>
<tr><td>2</td><td colspan="6">能查阅资料，写出起动机控制电路的组成</td><td>10</td><td></td></tr>
<tr><td>3</td><td colspan="6">能查阅资料，写出起动机控制电路的作用</td><td>10</td><td></td></tr>
<tr><td>4</td><td colspan="6">能查阅资料，进行起动机控制电路的识读</td><td>10</td><td></td></tr>
<tr><td>5</td><td colspan="6">能查阅资料，写出起动机控制电路常见故障的原因</td><td>10</td><td></td></tr>
<tr><td>6</td><td colspan="6">能按规范流程，完成起动机控制电路简单故障检修</td><td>20</td><td></td></tr>
<tr><td>7</td><td colspan="6">能遵守劳动纪律，以积极的态度接受工作任务</td><td>10</td><td></td></tr>
<tr><td>8</td><td colspan="6">能积极参与小组讨论，发挥团队合作精神</td><td>10</td><td></td></tr>
<tr><td>9</td><td colspan="6">能及时完成教师布置的任务</td><td>10</td><td></td></tr>
<tr><td colspan="7">总　分</td><td>100</td><td></td></tr>
<tr><td>小结
建议</td><td colspan="9"></td></tr>
</table>

学习活动 4　工作总结与评价

学习目标

1. 能以小组形式，对学习过程和成果进行总结。
2. 能完成对学习过程的综合评价。

建议学时：2 学时。

学习过程

一、工作总结

在世界技能大赛中，选手应具有一定的组织规划、沟通、创新等能力，这在实际的生产工作中是十分必要的。以小组为单位，选择演示文稿、展板、海报、视频等形式中的一种或几种，向全班展示、汇报学习成果。

二、综合评价

针对本任务的学习情况，根据表 2–4–1 所列综合评价标准进行评分。

表 2–4–1　综合评价标准

评价项目	评价内容及标准	配分	评分		
			自我评价	小组评价	教师评价
工作组织和管理	团队合作，合理计划，高效管理时间	3			
	定期检查工作进展和效果	3			
	保证高质量完成工作	4			
沟通能力	深度咨询客户，完全理解其要求	10			
	提供明确说明，准确回答客户的疑问	10			
计划创新能力	及时处理工作中遇到的问题	10			
	提出创新性、可行性建议，提高客户满意度	10			

续表

评价项目	评价内容及标准	配分	评分		
			自我评价	小组评价	教师评价
专业知识	具备起动系统各部件的组成、功能、原理等知识	10			
	具备起动系统故障检修知识	10			
实践能力	具备起动系统检修技能	5			
	具备起动机检查与更换技能	5			
	具备起动机控制电路识读技能	10			
	具备起动机控制电路简单故障检修技能	10			
学生姓名		综合评价得分			
指导教师		日期			

三、学习任务二整体评价

学习任务二整体评价见表 2-4-2。

表 2-4-2　　学习任务二整体评价表

项目	自我评价			小组评价			教师评价		
	10～9 分	8～6 分	5～1 分	10～9 分	8～6 分	5～1 分	10～9 分	8～6 分	5～1 分
	占总评 10%			占总评 30%			占总评 60%		
学习活动 1									
学习活动 2									
学习活动 3									
学习活动 4									
组织能力									
协作精神									
纪律观念									
表达与分析能力									
工作态度									
任务总体表现									
小计分									
总评分									

世赛知识

心理素质训练

在奥运会的决赛场上，往往最终较量的就是选手的心理素质。因此，世界技能大赛的集训选手会接受一定程度的心理素质训练。选手长期处于高度紧张状态，特别是最终坚持到世界技能大赛的选手，在世界技能大赛的赛场上还要经受前所未有的压力，如果没有强大的内心，面对各种考验的时候一旦陷入焦虑、恐慌、急躁甚至茫然的状态，必然无法发挥出正常的水平，从而直接影响比赛成绩。因此，心理素质训练是选手日常训练的一个重要组成部分，有的集训基地会邀请心理专家全程参与对选手的心理测评和辅导工作。一般来说，在集训的各个阶段，心理素质训练的重点和方法会有一定的差别。

世界技能大赛是精细化程度高、操作难度大、高手之间的激烈竞技活动，因此，对参赛选手的心理素质训练要将常规化与个性化相结合。心理素质的重要性会随着比赛的临近而提高，冲刺阶段的心理素质训练尤为重要，一般在赛前 1 ~ 2 个月进行。针对选手存在的共性和个性心理问题，依据一定的理论开展心理素质训练，最大限度地使选手在竞赛时形成最佳的竞技心理准备状态，使其在竞赛中立于不败之地。不仅如此，心理素质训练还可以扩展到其生活的其他方面，促进选手形成良好的行为习惯，进而促进其心理品质和人格的发展，进一步提高其生活质量。

学习任务三　汽车前照灯不亮故障检修

学习目标

1. 能识别照明系统的组成及各部件的安装位置。
2. 能描述照明系统的作用与类型。
3. 能进行照明系统的检查。
4. 能描述前照灯的作用和组成。
5. 能描述前照灯的类型和工作原理。
6. 能进行前照灯的检查和更换。
7. 能描述相关法律法规及标准对前照灯的要求。
8. 能正确使用前照灯检测仪对前照灯进行检测。
9. 能进行前照灯灯光的检测和调整。
10. 能描述前照灯控制电路的组成和作用。
11. 能进行前照灯控制电路的识读。
12. 能分析并确定前照灯控制电路的简单故障和原因。
13. 能进行前照灯控制电路简单故障检修。
14. 能对维修场地设备进行日常维护保养，按“6S”管理规定要求清理现场。
15. 能对相关资料、互联网资源进行检索，完成检修工单和工作页的填写。
16. 能展示工作成果，进行任务评价，总结工作经验，优化检修方案。
17. 能在作业过程中执行企业操作规范、安全生产制度、环保管理制度，严格遵守从业人员的职业道德，具有吃苦耐劳、爱岗敬业的工作态度和职业责任感。

建议学时

16 学时。

工作情境描述

某客户在夜间驾驶汽车行车时，发现汽车前照灯无法正常使用，于是将汽车开往维修站进行维修。经班组长检查，初步判断为汽车前照灯系统故障。汽车修理工需要根据维修手册相关要求，在规定时间内，参照维修资料完成对汽车前照灯系统的检查与零部件的更换工作，自检合格后交付班组长验收。

工作流程与活动

1. 照明系统的认知（2 学时）
2. 前照灯的检查与更换（4 学时）
3. 前照灯灯光的检测与调整（4 学时）
4. 前照灯控制电路简单故障检修（4 学时）
5. 工作总结与评价（2 学时）

思维导图

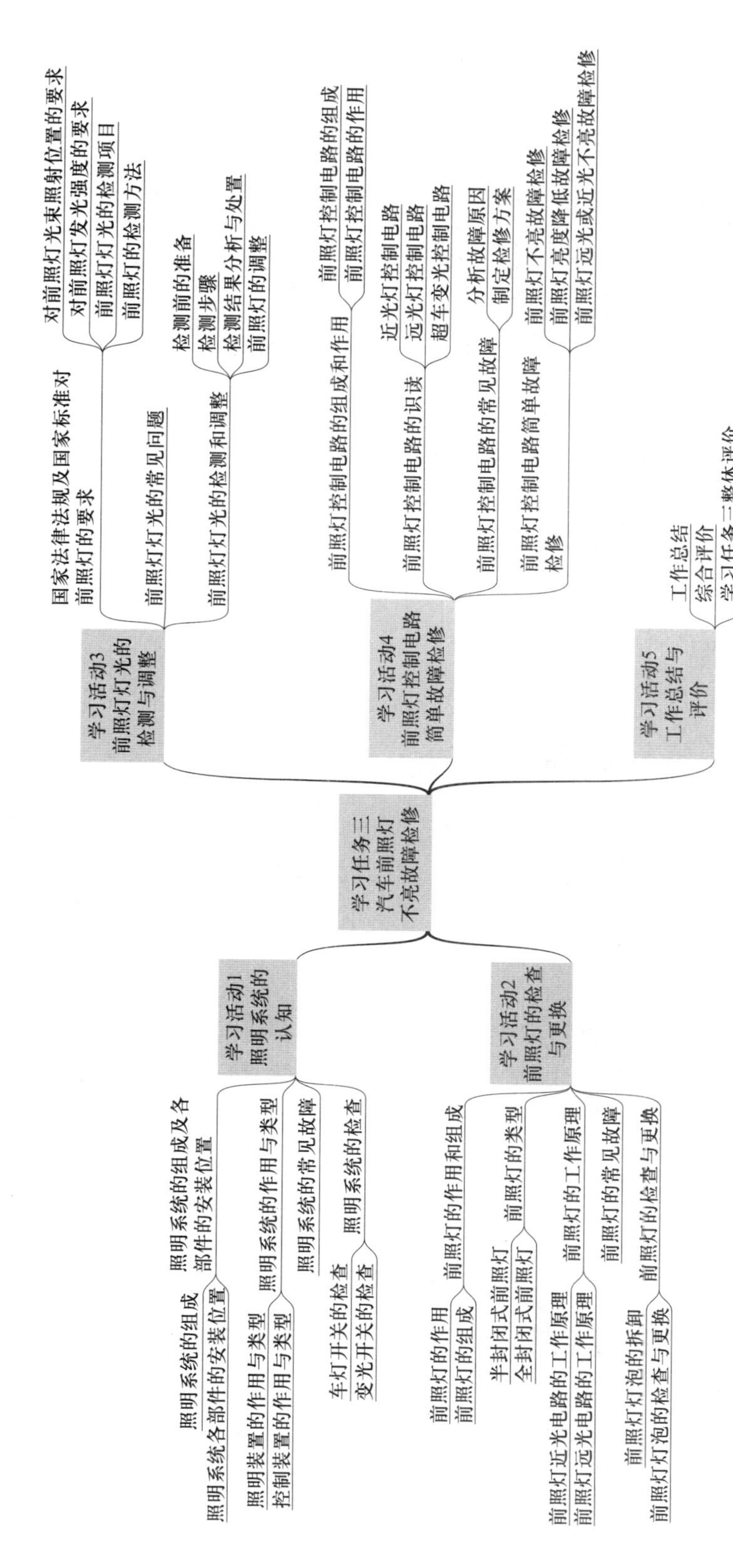
学习任务三 汽车前照灯不亮故障检修
学习活动1 照明系统的认知
照明系统的组成及各部件的安装位置
照明系统的组成
照明系统各部件的安装位置
照明系统的作用与类型
照明装置的作用与类型
控制装置的作用与类型
照明系统的常见故障
照明系统的检查
车灯开关的检查
变光开关的检查
学习活动2 前照灯的检查与更换
前照灯的作用和组成
前照灯的作用
前照灯的组成
前照灯的类型
半封闭式前照灯
全封闭式前照灯
前照灯的工作原理
前照灯近光电路的工作原理
前照灯远光电路的工作原理
前照灯的常见故障
前照灯的检查与更换
前照灯灯泡的拆卸
前照灯灯泡的检查与更换
学习活动3 前照灯灯光的检测与调整
国家法律法规及国家标准对前照灯的要求
对前照灯光束照射位置的要求
对前照灯发光强度的要求
前照灯灯光的检测项目
前照灯的检测方法
前照灯灯光的常见问题
前照灯灯光的检测和调整
检测前的准备
检测步骤
检测结果分析与处置
前照灯的调整
学习活动4 前照灯控制电路简单故障检修
前照灯控制电路的组成和作用
前照灯控制电路的组成
前照灯控制电路的作用
前照灯控制电路的识读
近光灯控制电路
远光灯控制电路
超车变光控制电路
前照灯控制电路的常见故障
分析故障原因
制定检修方案
前照灯控制电路简单故障检修
前照灯不亮故障检修
前照灯亮度降低故障检修
前照灯远光或近光不亮故障检修
学习活动5 工作总结与评价
工作总结
综合评价
学习任务三整体评价

学习活动 1 照明系统的认知

1. 能识别照明系统的组成及各部件的安装位置。
2. 能描述照明系统的作用与类型。
3. 能进行照明系统的检查。

建议学时：2 学时。

一、照明系统的组成及各部件的安装位置

1．照明系统的组成

汽车照明系统由电源、照明装置和控制装置组成。照明装置包括外部灯、内部灯和工作照明灯，控制装置包括车灯开关、变光开关和灯光继电器等。

2．照明系统各部件的安装位置

汽车上一般安装有几十个灯具，这些灯具一部分起__照明__作用，一部分起__信号指示__作用。照明装置中的外部灯包括前照灯、雾灯、牌照灯等，内部灯包括仪表灯、顶灯、阅读灯等，工作照明灯包括行李舱灯、发动机舱灯等。

图 3–1–1 所示为照明装置在汽车上的安装位置。

控制装置的车灯开关和变光开关一般组合在一起，安装在__驾驶室转向盘__上，以便于驾驶员操作。灯光继电器一般安装在发动机舱的__熔丝与继电盒__内。

二、照明系统的作用与类型

1．照明装置的作用与类型

照明装置主要用于照明道路，标示车辆宽度，照亮车厢内部、仪表以及方便夜间检修等。

__尾__灯用于汽车在夜间或隧道内行驶时，通知后面的车辆前方有车辆在行驶。

__示宽__灯可告知附近的其他车辆本车辆的位置和宽度。

__牌照__灯使车辆在夜间行驶时，其牌照清晰可见。

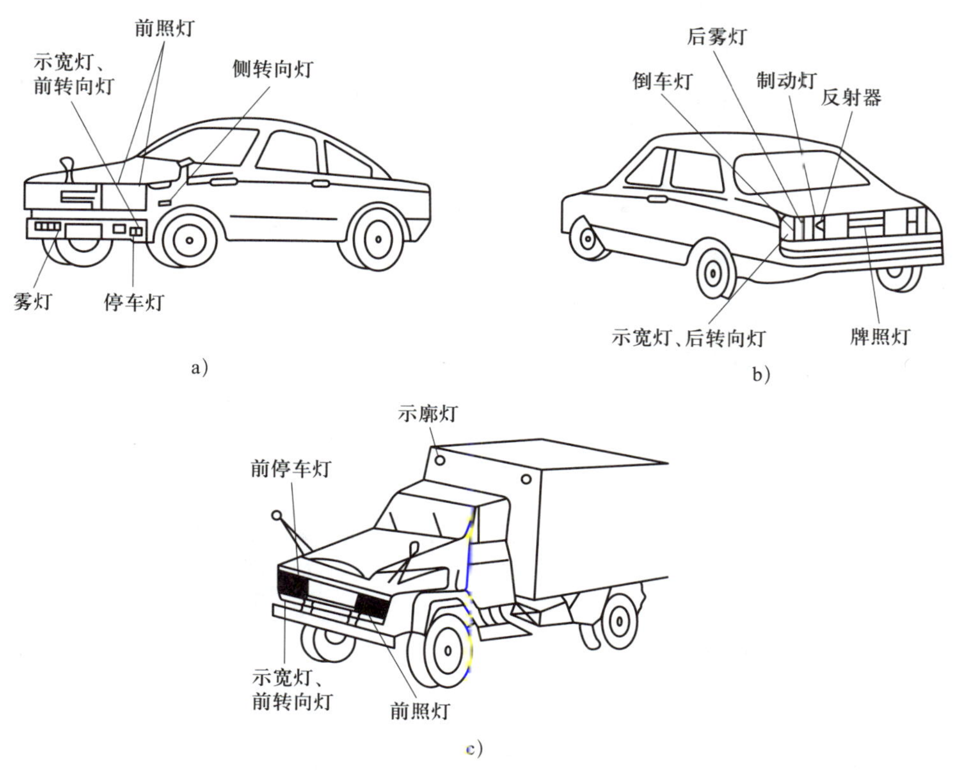

图 3-1-1　照明装置在汽车上的安装位置

a）轿车前部灯具　b）轿车后部灯具　c）货车前部灯具

__雾__灯使车辆在较低的能见度情况下（如雾天或者下雨天）行驶时，辅助指示灯可以被使用。

__仪表照明__灯使车辆的仪表在夜间可以被看到。

2．控制装置的作用与类型

（1）如图 3-1-2 所示，车灯开关有旋钮式、按钮式和__组合__式等多种。目前车辆上多采用组合开关，安装在转向盘上方，以便于驾驶员操作。组合开关将__车灯开关__、__变光开关__及__转向灯开关__等功能组合成一体。

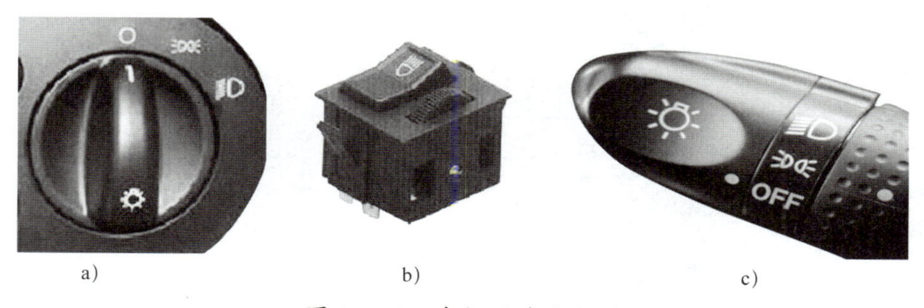

a)　b)　c)

图 3-1-2　车灯开关的类型

a）旋钮式　b）按钮式　c）__组合式__

（2）变光开关可以根据需要将前照灯灯光切换成__远光__和__近光__，同时具有超车变光功能。

（3）由于前照灯的工作电流大，如果用开关直接控制，则车灯开关__容易被烧坏__，因此，在汽车上安装了灯光继电器，用来保护<u>车灯开关</u>。

图 3-1-3 所示为灯光继电器的结构与引线端子，查阅相关资料，可知端子“SW”与端子“E”之间线圈的电阻值是<u>76</u>Ω；端子“B”与端子“L”之间断开时线圈的电阻值是<u>无穷大</u>，闭合后是<u>0</u>Ω。

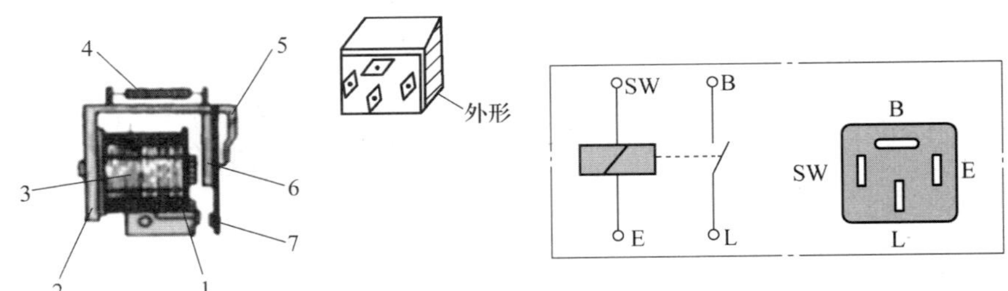

图 3-1-3　灯光继电器的结构与引线端子

1—静触点　2—支架　3—线圈　4—弹簧　5—限位卡　6—衔铁　7—动触点

三、照明系统的常见故障

照明系统的常见故障现象有：近光灯不亮、远光灯不亮、雾灯不亮等，可能的故障原因有：<u>灯泡故障、车灯开关故障、变光开关故障、照明系统线路故障等</u>。

四、照明系统的检查

根据照明系统的常见故障现象及可能的故障原因，进行照明系统的检查。

1．车灯开关的检查

按照表 3-1-1 所示完成车灯开关的操作检查，并将操作步骤补充完整。

表 3-1-1　　车灯开关的操作检查

序号	图示	操作步骤
1	AUTO OFF OFF OFF	转动组合开关，当组合开关置于“OFF”挡时，前照灯、尾灯、牌照灯、仪表灯均<u>不亮</u>
2	AUTO OFF OFF	当组合开关置于“●”挡时，前照灯<u>不亮</u>，其余<u>尾灯</u>、<u>仪表灯</u>、<u>示宽灯</u>、<u>牌照灯</u>均打开
3	AUTO OFF OFF	当组合开关置于“☰D”挡时，<u>远光灯</u>、<u>尾灯</u>、<u>仪表灯</u>、<u>示宽灯</u>、<u>牌照灯</u>均打开

2．变光开关的检查

（1）如图 3-1-4 所示，当使用远光时，打开前照灯并将操纵杆向__外__（内 / 外）推，位置应在__1__（1/2/3）处，仪表板上的远光指示灯处于__打开__状态。

（2）当使用近光时，将操纵杆向__内__（内 / 外）推，位置应在__2__（1/2/3）处，仪表板上的远光指示灯处于__关闭__状态。

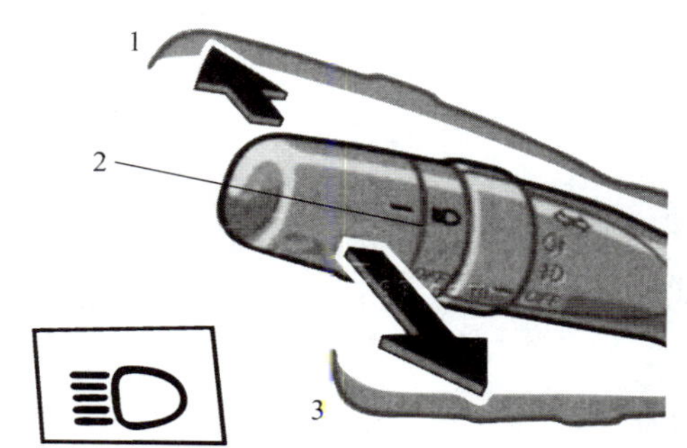

图 3-1-4　变光开关的检查

（3）将变光开关操纵杆一直向里拉，当松开操纵杆时，前照灯远光__关闭__。将变光开关操纵杆置于"OFF"（ON/OFF）挡时，也可以使前照灯远光闪烁（位置 3）。

五、学习活动评价

学习活动评价见表 3-1-2。

表 3-1-2　学习活动评价表

班级		姓名		学号		日期	年　月　日
序号	评价要点				配分	得分	总评
1	能正确识读和填写工作页，明确学习活动要求				10		A □（86 ~ 100 分） B □（76 ~ 85 分） C □（60 ~ 75 分） D □（60 分以下）
2	能查阅资料，写出照明系统的组成				15		
3	能查阅资料，写出照明系统的作用与类型				15		
4	能对照实车，指出照明系统各部件的安装位置				15		
5	能按规范流程，完成照明系统的检查				15		
6	能遵守劳动纪律，以积极的态度接受工作任务				10		
7	能积极参与小组讨论，发挥团队合作精神				10		
8	能及时完成教师布置的任务				10		
总　分					100		
小结建议							

学习活动 2　前照灯的检查与更换

学习目标

1. 能描述前照灯的作用和组成。
2. 能描述前照灯的类型和工作原理。
3. 能进行前照灯的检查与更换。

建议学时：4 学时。

学习过程

一、前照灯的作用和组成

1．前照灯的作用

前照灯俗称大灯，安装在汽车头部两侧，用来照亮车辆前方道路，发出的光一般为白色或黄色。根据相关国家标准规定，车辆的前照灯必须有近光和远光两种照明方式，并且可以在两者之间转换。前照灯的主要用途是__照明__，也可用远光和近光之间的变换作为__超车__信号。

2．前照灯的组成

前照灯由反射镜、配光镜和灯泡组成。查阅资料，补充填写表 3–2–1 中的相关内容。

表 3–2–1　　前照灯的作用和材质

前照灯的组成	作用	图示	材质
反射镜	增加照射距离		真空镀铝
配光镜	将反射镜反射出的平行光束进行折射，使车前路面和路沿都有良好而均匀的照明效果		由透光玻璃压制而成的棱镜和透镜的组合体

续表

前照灯的组成	作用	图示	材质
灯泡	作为前照灯的光源		一般有充气灯泡、卤钨灯泡、高压放电氙气灯泡和LED灯泡等

（1）反射镜

前照灯反射镜由薄钢板经冲压而成，为旋转抛物面形状，内表面多用真空镀铝，镀铝层反光率为94%。

（2）配光镜

前照灯配光镜又称散光玻璃，由透光玻璃压制而成，是很多块特殊的棱镜和透镜的组合，安装于 反射镜 之前。

（3）灯泡

前照灯灯泡的灯丝由功率大的 远光 灯丝和功率较小的 近光 灯丝组成，由钨丝制作成 螺旋 状，以缩小灯丝的尺寸，有利于光束的聚合。查阅相关资料可知，桑塔纳汽车上采用的灯泡型号是 H4 。氙气前照灯的H1是单丝单脚的，多用于 近光 （远光/近光）；H7是单丝双脚的，多用于 远光 （远光/近光）。

二、前照灯的类型

按照结构不同，前照灯可分为半封闭式前照灯和全封闭式前照灯两大类。

1．半封闭式前照灯

图3-2-1所示是半封闭式前照灯，其配光镜（即玻璃灯罩）靠卷曲反射镜周边的牙齿而紧固在 反射镜 上，两者之间垫有橡皮密封圈，拆卸灯泡时从反射镜后方进行，不必拆下 光学组件 ，减少了对光学组件的影响因素，维护方便，但 密封不良 。

2．全封闭式前照灯

图3-2-2所示为全封闭式前照灯，全封闭式前照灯的灯丝焊在 反射镜 底座上， 反射镜 与 配光镜 融合为一体而形成灯泡，灯泡里面充入 惰性气体 。全封闭式前照灯完全避免了反射镜的污染，但成本较高。全封闭式前照灯可分为普通前照灯、氙气前照灯、多反射镜前照灯和投射式前照灯等类型。

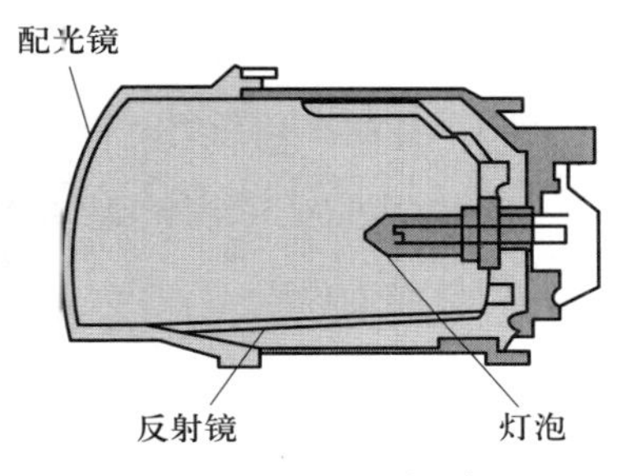

图3-2-1　半封闭式前照灯

（1）氙气前照灯

图 3–2–3 所示为氙气前照灯，它利用配套电子镇流器将汽车电池 12 V 电压瞬间提升到 20 kV 以上，成为触发电压，将氙气前照灯中的氙气电离形成电弧放电并使之稳定发光，以提供稳定的汽车前照灯照明。氙气前照灯的亮度是普通卤素灯泡亮度的 3 ~ 5 倍。

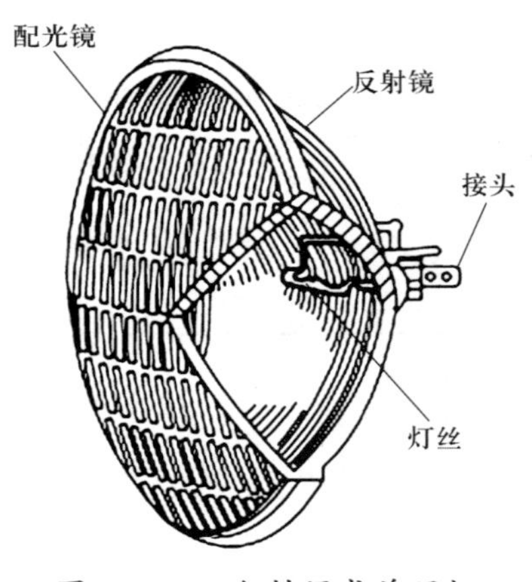

图 3–2–2　全封闭式前照灯

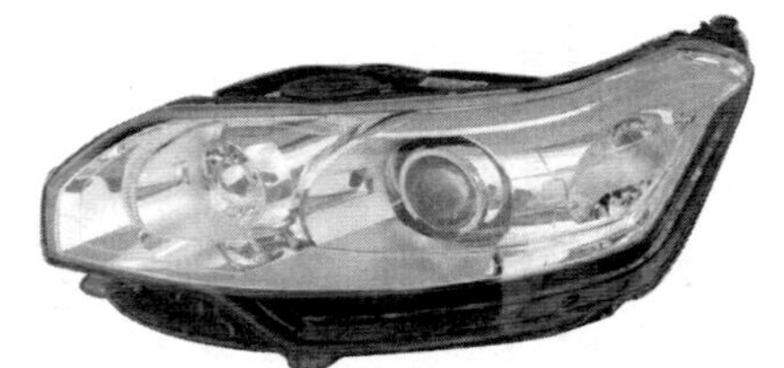

图 3–2–3　氙气前照灯

（2）多反射镜前照灯

图 3–2–4 所示为多反射镜前照灯与普通前照灯的对比。两者的反射镜数量不同，多反射镜前照灯由多个 反射镜 组成，普通前照灯只有一个 反射镜 。两者的灯泡和配光屏都一样，由于反射镜数量不同，光照区域（图中的黄色区域）明显不同。

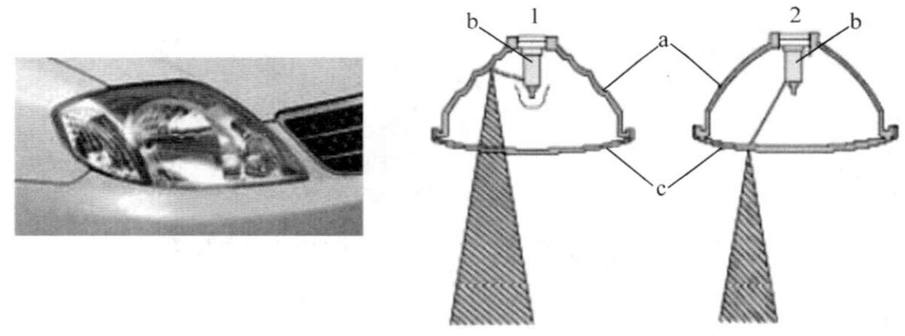

图 3–2–4　多反射镜前照灯与普通前照灯的对比

1—多反射镜前照灯　2—普通前照灯

a—反光镜　b—前照灯灯泡　c—镜头

（3）投射式前照灯

图 3–2–5 所示为投射式前照灯。该前照灯通过将光汇聚到一个小的区域来有效利用光源，尽管它的体积小，但仍能发射强光。

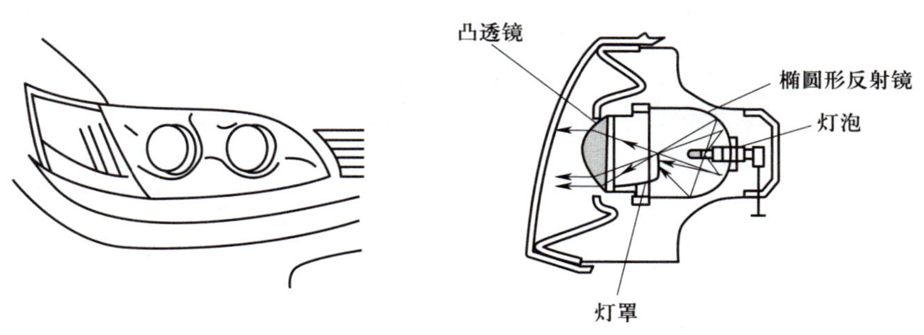

图 3-2-5　投射式前照灯

三、前照灯的工作原理

1．前照灯近光电路的工作原理

如图 3-2-6 所示，将灯光开关置于“前照灯”挡（图中的 head 位置），将变光开关置于“近光”挡（图中的 lo 位置），前照灯近光电路接通，其回路是：蓄电池正极→低压断路器→灯光开关的<u>head</u>→变光开关的<u>lo</u>→前照灯左、右<u>近</u>光灯丝→搭铁→蓄电池负极，前照灯近光亮。

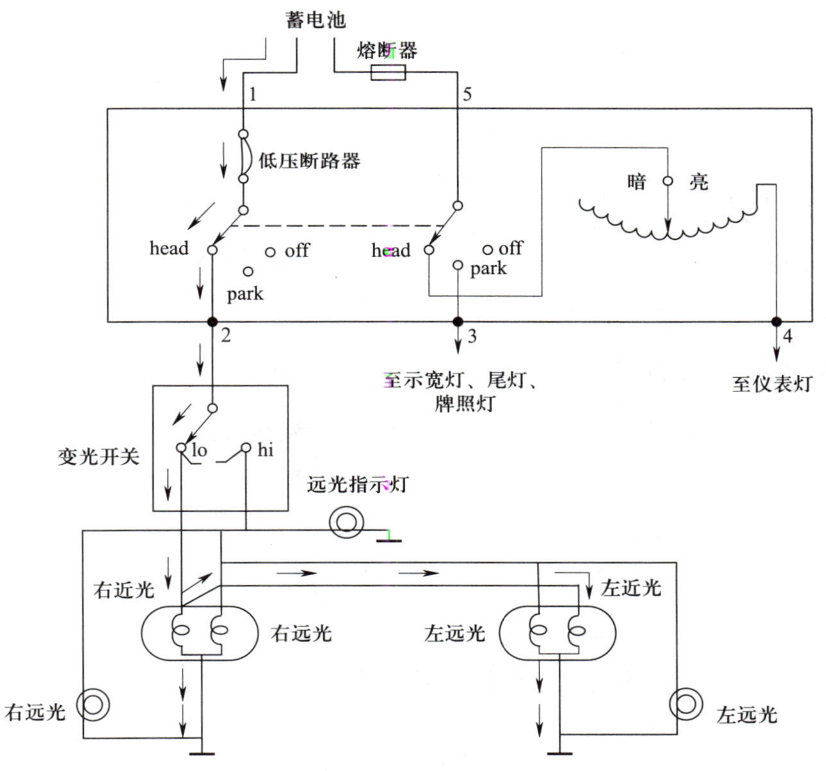

图 3-2-6　前照灯近光电路

2．前照灯远光电路的工作原理

如图 3-2-7 所示，将灯光开关置于“前照灯”挡（图中的 head 位置），将变光开关置于“远光”挡（图中的 hi 位置），前照灯远光电路接通，其回路是：蓄电池正极→低压断路器→灯光开关的<u>head</u>→变光开关的<u>hi</u>→前照灯左、右<u>远</u>光灯丝以及仪表<u>远</u>光指示灯→搭铁→蓄电池负极，前照灯远光亮。

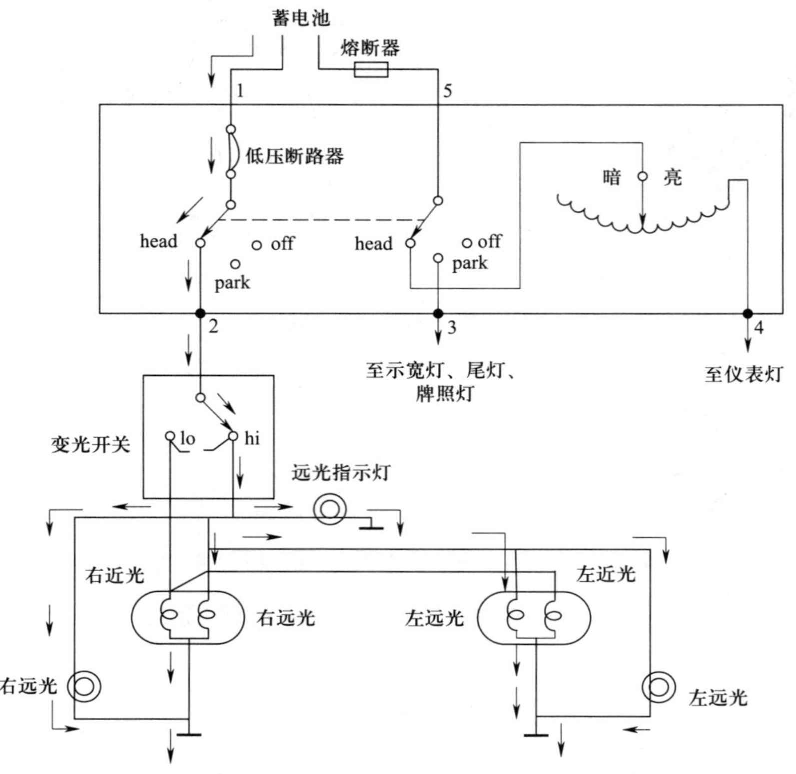

图 3–2–7 前照灯远光电路

四、前照灯的常见故障

前照灯的常见故障有：前照灯不亮、前照灯灯泡频繁被烧坏等，可能的故障原因有：灯泡故障、开关故障、控制线路故障、搭铁不良、接触不良等。

五、前照灯的检查与更换

根据前照灯的常见故障及可能的故障原因，进行前照灯的检查与更换。

1．前照灯灯泡的拆卸

（1）断开点火开关和所有用电器件。

（2）拆卸前照灯固定螺母，断开插头连接，取下前照灯总成。

（3）拆除前照灯后罩盖，拆下连同插头的灯泡。

（4）如图 3–2–8 所示，沿箭头方向将灯泡从插头上脱离。

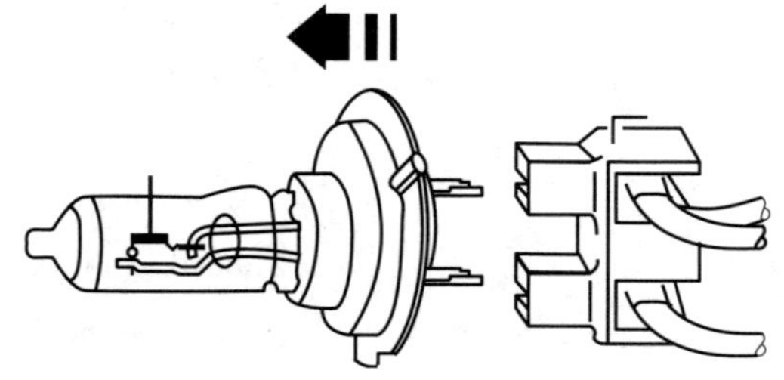
图 3–2–8 将灯泡从插头上脱离

2．前照灯灯泡的检查与更换

（1）如图 3–2–9 所示，用万用表测量灯泡的电阻，判断灯泡是否正常。

注意：不要用手指直接接触灯泡。

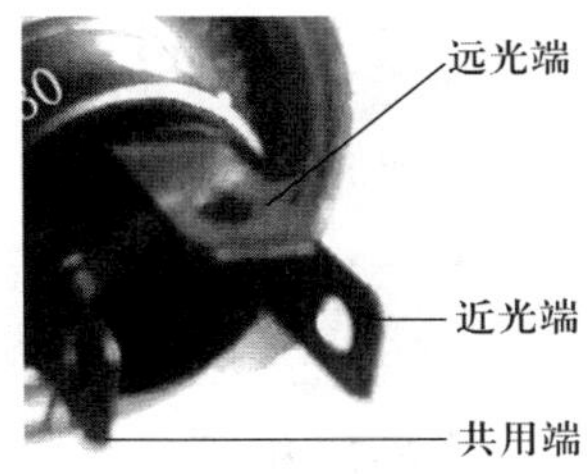

图 3–2–9　测量灯泡的电阻

测得远光端与共用端之间的电阻为＿无穷大＿，近光端与共用端之间的电阻为＿无穷大＿，可得出的结论是：＿灯泡损坏＿。

如果测量电阻为＿无穷大＿（无穷大 / 有阻值），说明灯泡损坏，需更换。

（2）更换时要选择相同规格的灯泡。

（3）灯泡的安装按照与拆卸相反的顺序进行。

（4）安装完成后操作灯光开关，检查在相应位置上相应的灯是否点亮。

六、学习活动评价

学习活动评价见表 3–2–2。

表 3–2–2　　学习活动评价表

班级		姓名		学号		日期	年　月　日
序号	评价要点				配分	得分	总评
1	能正确识读和填写工作页，明确学习活动要求				10		A □（86 ~ 100 分） B □（76 ~ 85 分） C□（60 ~ 75 分） D□（60 分以下）
2	能查阅资料，写出前照灯的作用				10		
3	能查阅资料，写出前照灯的组成				10		
4	能查阅资料，写出前照灯的类型				10		
5	能查阅资料，写出前照灯的工作原理				15		
6	能按规范流程，完成前照灯的检查与更换				15		
7	能遵守劳动纪律，以积极的态度接受工作任务				10		
8	能积极参与小组讨论，发挥团队合作精神				10		
9	能及时完成教师布置的任务				10		
总　分					100		
小结建议							

学习活动3　前照灯灯光的检测与调整

学习目标

1. 能描述相关法律法规及标准对前照灯的要求。
2. 能正确使用前照灯检测仪对前照灯进行检测。
3. 能将前照灯调整到国家标准规定的技术状态。

建议学时：4学时。

学习过程

一、国家法律法规及国家标准对前照灯的要求

1．对前照灯光束照射位置的要求

国家标准《道路运输车辆综合性能和检验方法》（GB 18565—2016）中关于汽车前照灯的规定如下。

（1）前照灯的近光光束照射位置为：前照灯在距离屏幕10 m处，光束明暗截止线转角或中点的高度应为0.6*H*～0.8*H*（*H*为前照灯基准中心高度，下同），其水平方向位置向左偏不得超过<u>　170　</u>mm，向右偏不得超过<u>　350　</u>mm。

（2）能单独调整远光光束且不影响近光光束的前照灯，要求远光在屏幕上光束中心离地高度为0.8*H*～0.95*H*，水平位置要求左灯向左偏不得大于<u>　170　</u>mm，左灯向右偏不得大于<u>　350　</u>mm；右灯向左或向右偏均不得大于<u>　350　</u>mm。

2．对前照灯发光强度的要求

发光强度是表示光源亮度的物理量，单位是坎德拉（cd）。

查阅国家标准《道路运输车辆综合性能和检验方法》（GB 18565—2016），将表3-3-1填写完整。

表3-3-1　前照灯的发光强度

车辆类型	新注册车		在用车	
	两灯制	四灯制	两灯制	四灯制
发光强度/cd	15 000	12 000	12 000	10 000

注：对于允许四灯制的机动车，其中两只对称的灯达到两灯制要求即视为合格。

3．前照灯灯光的检测项目

国家标准《道路运输车辆综合性能和检验方法》（GB 18565—2016）中规定前照灯的＿发光强度＿和＿照射位置＿被列为必检项目。

4．前照灯的检测方法

前照灯的检测方法一般有屏幕检测法和仪器检测法两种。

（1）屏幕检测法

图 3-3-1 所示为用屏幕检测法检测前照灯，根据图 3-3-1 所示内容，完成下列填空。

1）将汽车停在水平地面上，并且按规定充足轮胎气压，从车上卸下所有负载（只允许一名驾驶员乘坐）。

2）在距汽车前照灯 L_m 处（不同车型有不同的规定，图中是 10 m）设一屏幕（或利用白墙），在屏幕上画两条垂线（垂线通过各前照灯的中心）和一条水平线 AA'（与前照灯的离地高度相等，图中是＿1 086＿mm），再画一条比 AA' 线低一些（不同的车型数值不同，图中是＿262＿mm）的水平线 BB' 与两条前照灯的垂直中心线分别相交于 a、b 两点，图中 a、b 两点距中心点的距离都是＿515＿mm（不同车型的数值不同）。

3）分别对两侧前照灯进行检测。先盖住一侧，检查另一侧前照灯的光束是否对准 a 点或 b 点（光照中心），否则可通过前照灯的调整螺钉进行调整，直至符合要求。

屏幕检测法只能检测前照灯光束的＿照射位置＿，不能检测前照灯的＿发光强度＿，一般在无检测仪器源的情况下使用。

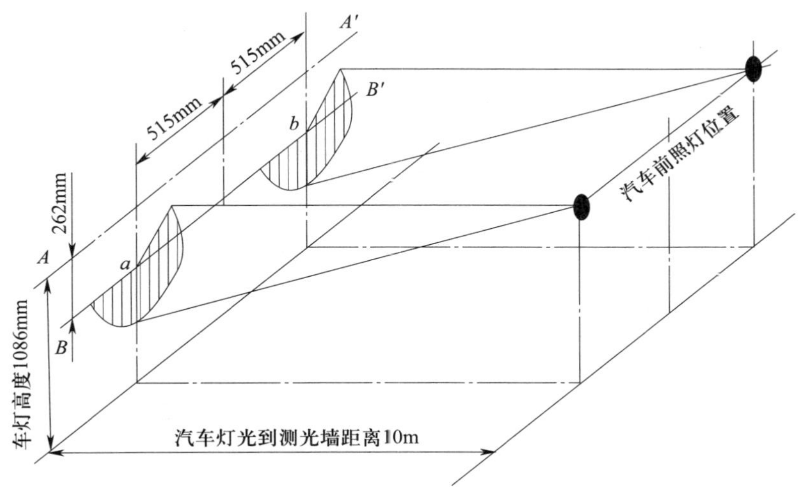

图 3-3-1　用屏幕检测法检测前照灯

（2）仪器检测法

检测仪一般可分为聚光式、屏幕式、投影式、自动追踪光轴式和全自动式等。各类仪器使用方法虽各不相同，但检测原理大同小异，使用时可参照使用说明书完成。

二、前照灯灯光的常见问题

前照灯灯光的常见问题有：前照灯光束的照射位置有问题、前照灯的亮度不足等，可能的原因有：更换前照灯时安装位置不当或强烈振动导致松动、蓄电池电量不足、控制电路故障等。

三、前照灯灯光的检测和调整

根据前照灯灯光的常见问题及可能的原因，进行前照灯灯光的检测和调整。

1．检测前的准备

（1）前照灯检测仪的准备

1）前照灯检测仪要保持清洁，而且不受外来光线的影响。

2）前照灯检测仪的镜面等处不得有污物或模糊不清。

3）前照灯检测仪在不受光的情况下，光度计和光轴偏斜指示计要对准零点。

（2）车辆的准备

1）清除被检车辆前照灯上的油污。

2）被检车辆轮胎气压应符合汽车制造厂的规定。

3）被检车辆蓄电池应处于电量充足状态。

4）被检车辆要处于空载状态，并只乘坐一名驾驶员。

2．检测步骤

（1）在将汽车尽可能地与导轨保持垂直方向时驶近检测仪，使前照灯与检测仪受光器之间的距离符合要求。

（2）将车辆摆正，通过找准器使检测仪和汽车对正。

（3）打开汽车前照灯，接通检测仪电源，用上下、左右控制开关移动检测仪位置，使前照灯光束照射到受光器上。

（4）按下测量开关，受光器可追踪到前照灯光轴，根据光轴偏斜指示计（标有刻度）和光度计的指示值，即可测得光照位置和发光强度。

3．检测结果分析与处置

前照灯灯光检测不合格可能有以下两种情况：一是前照灯发光强度偏低，二是前照灯照射位置偏斜。

（1）前照灯发光强度偏低时，应先检查蓄电池的电压是否偏低，再检查发光强度偏低的前照灯的反射镜光泽是否良好，灯泡是否正常，质量是否符合要求，一般多为搭铁线路接触不良。

（2）前照灯光束照射位置偏斜时，要检查前照灯的安装位置，若前照灯安装位置不当或因强烈振动而错位致使光束照射位置偏斜，应予以调整。前照灯光束照射位置偏斜的调整可在前照灯调整螺钉上进行。根据检测标准，在调整光束照射位置时，对远、近双光束灯以调整近光束为主。对于制造质量合格的灯泡，在近光光束调整合格后，远光光束一般也能合格。若近光光束调整合格后，经复核远光光束照

射方向不合格，则应__更换灯泡__。

4．前照灯的调整

可通过转动调整螺钉进行前照灯的调整，具体方法如下：

（1）转动左右调整螺钉，可以调整前照灯光束__水平__方向的位置。

（2）转动上下调整螺钉，可以调整前照灯光束__垂直__方向的位置。

四、学习活动评价

学习活动评价见表 3–3–2。

表 3–3–2　　学习活动评价表

班级		姓名		学号		日期	年　月　日
序号	评价要点				配分	得分	总评
1	能正确识读和填写工作页，明确学习活动要求				10		A □（86 ~ 100 分） B □（76 ~ 85 分） C □（60 ~ 75 分） D □（60 分以下）
2	能查阅资料，写出对前照灯发光强度和照射位置的要求				15		
3	能查阅资料，写出前照灯灯光的检测项目				10		
4	能查阅资料，写出前照灯的检测方法				15		
5	能按规范流程，完成前照灯的检测与调整				20		
6	能遵守劳动纪律，以积极的态度接受工作任务				10		
7	能积极参与小组讨论，发挥团队合作精神				10		
8	能及时完成教师布置的任务				10		
总　分					100		
小结建议							

学习活动 4　前照灯控制电路简单故障检修

学习目标

1. 能描述前照灯控制电路的组成和作用。
2. 能进行前照灯控制电路的识读。
3. 能分析并确定前照灯控制电路的简单故障和原因。
4. 能进行前照灯控制电路简单故障检修。

建议学时：4 学时。

学习过程

一、前照灯控制电路的组成和作用

1．前照灯控制电路的组成

如图 3–4–1 所示，前照灯控制电路主要由蓄电池（发电机）、点火开关、<u>车灯</u>开关（E1）、<u>变光</u>开关（E4）和前照灯（L1 和 L2）以及远光指示灯<u>K1</u>和<u>熔丝</u>（S9/S10/S21/S22）等部件组成。

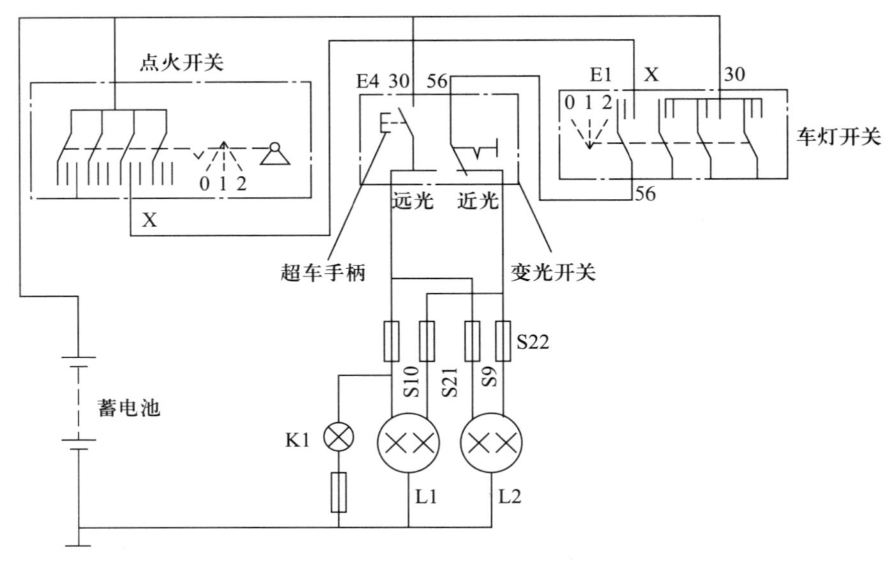

图 3–4–1　前照灯控制电路

2．前照灯控制电路的作用

（1）＿车灯＿开关用来控制前照灯的点亮与熄灭。

（2）＿变光＿开关用来控制前照灯远、近光的切换。

（3）熔丝的作用是＿保护前照灯的远、近光灯丝不被烧坏＿。

（4）前照灯的主要用途是＿照明＿，也可通过远光和近光之间的变换作为＿超车＿信号。

二、前照灯控制电路的识读

1．近光灯控制电路

如图 3–4–1 所示，当点火开关置于位置 2、灯光开关 E1 置于位置 2 时，变光开关 E4 接通近光，近光灯点亮。电流流向为：蓄电池（发电机）→点火开关 X →灯光开关 E1（＿X → 56＿）→变光开关 E4（＿56 →近光＿）→ S21/S22 → L1/L2＿近＿光灯丝→搭铁。

2．远光灯控制电路

如图 3–4–1 所示，当点火开关置于位置 2、灯光开关 E1 置于位置 2 时，变光开关 E4 接通远光，远光灯点亮，同时仪表板上的远光指示灯 K1 点亮。电流流向为：蓄电池（发电机）→点火开关→灯光开关 E1（＿X → 56＿）→变光开关 E4（＿56 →远光＿）→ S9/S10 → L1/L2/K1＿远＿光灯丝→搭铁。

3．超车变光控制电路

如图 3–4–1 所示，直接打到变光开关 E4 超车手柄时，远光灯点亮，同时仪表板上的远光指示灯 K1 点亮。电流流向为：蓄电池（发电机）→变光开关 E4（＿30 →远光＿）→ S9/S10 → L1/L2/K1＿远＿光灯丝→搭铁。

三、前照灯控制电路的常见故障

1．分析故障原因

查阅资料，在表 3–4–1 中写出前照灯控制电路常见故障可能的故障原因。

表 3–4–1　　前照灯控制电路故障原因分析

故障现象	可能的故障原因
前照灯不亮	灯泡损坏
	开关或继电器损坏
	控制电路故障
前照灯亮度降低	蓄电池电量不足
	导线连接松动或接触不良
	灯泡功率过小
前照灯远光或近光不亮	远光或近光灯泡损坏
	变光开关损坏
	控制电路故障

2．制定检修方案

根据任务要求，制定检修方案。

（1）根据具体工作内容，明确小组成员分工，填写在表 3–4–2 中。

表 3–4–2　　小组成员分工

姓名	分工
	（根据实际情况填写）

（2）根据要求列出所需主要工具及材料清单，填写在表 3–4–3 中。

表 3–4–3　　所需主要工具及材料清单

序号	工具及材料名称	单位	数量	备注
	（根据实际情况填写）			

（3）根据小组分工情况及客户要求，制定具体的检修工序，填写在表 3–4–4 中。

表 3–4–4　　检修工序安排

序号	工序内容	备注
	（根据实际情况填写）	

四、前照灯控制电路简单故障检修

根据图 3–4–1 所示前照灯控制电路，按照图 3–4–2 所示前照灯控制电路检测流程，完成前照灯控制电路的检查，判断故障部位，必要时按技术标准完成对前照灯系统主要部件的更换。

1．前照灯不亮故障检修

（1）检查蓄电池电压

1）将万用表置于__直流__电压挡。

2）将万用表红表笔与蓄电池__正__极端子连接，将万用表黑表笔与蓄电池__负__极端子连接。

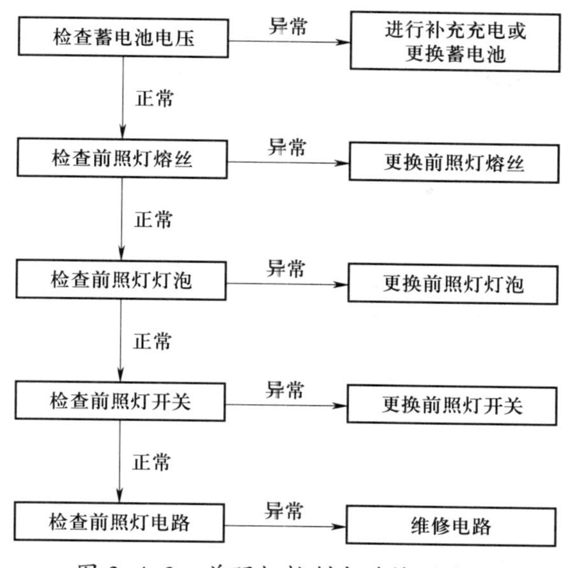

图 3-4-2　前照灯控制电路检测流程

3）检查结果是＿电压为 12 V＿，结论为＿蓄电池正常＿。

（2）检查前照灯熔丝

1）根据电路图查找并确认前照灯的熔丝位置。

2）用万用表＿欧姆＿挡检查熔丝。

3）检查结果是＿阻值无穷大＿，结论为＿熔丝损坏＿。

（3）检查前照灯灯泡

将万用表置于＿欧姆＿挡，将万用表的红、黑表笔分别与前照灯灯泡远光端、近光端连接，检查其导通情况。

1）近光灯的检查结果是＿阻值无穷大＿，结论为＿近光灯损坏＿。

2）远光灯的检查结果是＿阻值无穷大＿，结论为＿远光灯损坏＿。

3）对前照灯灯泡的检查结论为＿前照灯灯泡损坏＿。

（4）检查前照灯开关

用万用表＿欧姆＿挡检测前照灯开关导通情况。

1）前照灯近光开关的检查结果是＿无法导通＿，结论为＿近光开关损坏＿。

2）前照灯远光开关的检查结果是＿无法导通＿，结论为＿远光开关损坏＿。

（5）检查前照灯电路

用万用表逐段检查前照灯远光电路和近光电路，找出短路或断路的部位，排除故障。

2．前照灯亮度降低故障检修

（1）检查蓄电池电压

1）将万用表置于＿直流＿电压挡。

2）将万用表红表笔与蓄电池＿正＿极端子连接，将万用表黑表笔与蓄电池＿负＿极端子连接。

3）检查结果是 电压为 9 V ，结论为 蓄电池电压不足 。

（2）检查前照灯电路

用万用表逐段检查前照灯远光电路和近光电路，找出接触不良的部位，排除故障。

3．前照灯远光或近光不亮故障检修

（1）检查前照灯远光或近光熔丝

1）根据电路图查找并确认前照灯远光或近光熔丝的位置。

2）用万用表 欧姆 挡检查熔丝。

3）测量结果为 阻值无穷大 ，结论为 熔丝烧坏 。

（2）检查前照灯灯泡

将万用表置于 欧姆 挡，将万用表的红、黑表笔分别与前照灯灯泡远光端、近光端连接，检查其导通情况。

1）近光灯的检查结果是 无法导通 ，结论为 近光灯损坏 。

2）远光灯的检查结果是 无法导通 ，结论为 远光灯损坏 。

3）对前照灯灯泡的检查结论为 前照灯灯泡损坏 。

（3）检查前照灯变光开关

用万用表 欧姆 挡检测前照灯变光开关的导通情况。

1）前照灯近光开关的检查结果是 无法导通 ，结论为 近光开关损坏 。

2）前照灯远光开关的检查结果是 无法导通 ，结论为 远光开关损坏 。

（4）检查前照灯电路

用万用表逐段检查前照灯远光电路或近光电路，找出短路或断路的部位，排除故障。

五、学习活动评价

学习活动评价见表 3–4–5。

表 3–4–5 学习活动评价表

班级		姓名		学号		日期	年 月 日
序号	评价要点				配分	得分	总评
1	能正确识读和填写工作页，明确学习活动要求				10		A □（86 ~ 100 分） B □（76 ~ 85 分） C □（60 ~ 75 分） D □（60 分以下）
2	能查阅资料，写出前照灯控制电路的组成				10		
3	能查阅资料，写出前照灯控制电路的作用				10		
4	能查阅资料，进行前照灯控制电路的识读				15		
5	能查阅资料，写出前照灯控制电路常见故障的原因				10		
6	能按规范流程，完成前照灯控制电路简单故障检修				15		

续表

<table>
<tr><th>序号</th><th>评价要点</th><th>配分</th><th>得分</th><th>总评</th></tr>
<tr><td>7</td><td>能遵守劳动纪律，以积极的态度接受工作任务</td><td>10</td><td></td><td rowspan="4">A □（86 ~ 100 分）
B □（76 ~ 85 分）
C □（60 ~ 75 分）
D □（60 分以下）</td></tr>
<tr><td>8</td><td>能积极参与小组讨论，发挥团队合作精神</td><td>10</td><td></td></tr>
<tr><td>9</td><td>能及时完成教师布置的任务</td><td>10</td><td></td></tr>
<tr><td colspan="2">总　分</td><td>100</td><td></td></tr>
<tr><td>小结
建议</td><td colspan="4"></td></tr>
</table>

学习活动 5　工作总结与评价

学习目标

1. 能以小组形式，对学习过程和成果进行总结。
2. 能完成对学习过程的综合评价。

建议学时：2 学时。

学习过程

一、工作总结

在世界技能大赛中，选手应具有一定的组织规划、沟通、创新等能力，这在实际的生产工作中是十分必要的。以小组为单位，选择演示文稿、展板、海报、视频等形式中的一种或几种，向全班展示、汇报学习成果。

二、综合评价

针对本任务的学习情况，根据表 3–5–1 所列综合评价标准进行评分。

表 3–5–1　综合评价标准

评价项目	评价内容及标准	配分	评分		
			自我评价	小组评价	教师评价
工作组织和管理	团队合作，合理计划，高效管理时间	3			
	定期检查工作进展和效果	3			
	保证高质量完成工作	4			
沟通能力	深度咨询客户，完全理解其要求	10			
	提供明确说明，准确回答客户的疑问	10			
计划创新能力	及时处理工作中遇到的问题	10			
	提出创新性、可行性建议，提高客户满意度	10			

续表

<table>
<tr><th rowspan="2">评价项目</th><th rowspan="2">评价内容及标准</th><th rowspan="2">配分</th><th colspan="3">评分</th></tr>
<tr><th>自我评价</th><th>小组评价</th><th>教师评价</th></tr>
<tr><td rowspan="2">专业知识</td><td>具备汽车照明系统各部件的组成、功能和原理等知识</td><td>10</td><td></td><td></td><td></td></tr>
<tr><td>具备汽车照明系统故障检修知识</td><td>10</td><td></td><td></td><td></td></tr>
<tr><td rowspan="4">实践能力</td><td>具备汽车照明系统检修技能</td><td>5</td><td></td><td></td><td></td></tr>
<tr><td>具备汽车前照灯拆装与检修技能</td><td>5</td><td></td><td></td><td></td></tr>
<tr><td>具备汽车照明系统电路识读技能</td><td>10</td><td></td><td></td><td></td></tr>
<tr><td>具备汽车照明系统简单故障检修技能</td><td>10</td><td></td><td></td><td></td></tr>
<tr><td>学生姓名</td><td></td><td colspan="2">综合评价得分</td><td colspan="2"></td></tr>
<tr><td>指导教师</td><td></td><td colspan="2">日期</td><td colspan="2"></td></tr>
</table>

三、学习任务三整体评价

学习任务三整体评价见表 3–5–2。

表 3–5–2　　学习任务三整体评价表

<table>
<tr><th rowspan="3">项目</th><th colspan="3">自我评价</th><th colspan="3">小组评价</th><th colspan="3">教师评价</th></tr>
<tr><th>10～9 分</th><th>8～6 分</th><th>5～1 分</th><th>10～9 分</th><th>8～6 分</th><th>5～1 分</th><th>10～9 分</th><th>8～6 分</th><th>5～1 分</th></tr>
<tr><th colspan="3">占总评 10%</th><th colspan="3">占总评 30%</th><th colspan="3">占总评 60%</th></tr>
<tr><td>学习活动 1</td><td></td><td></td><td></td><td></td><td></td><td></td><td></td><td></td><td></td></tr>
<tr><td>学习活动 2</td><td></td><td></td><td></td><td></td><td></td><td></td><td></td><td></td><td></td></tr>
<tr><td>学习活动 3</td><td></td><td></td><td></td><td></td><td></td><td></td><td></td><td></td><td></td></tr>
<tr><td>学习活动 4</td><td></td><td></td><td></td><td></td><td></td><td></td><td></td><td></td><td></td></tr>
<tr><td>学习活动 5</td><td></td><td></td><td></td><td></td><td></td><td></td><td></td><td></td><td></td></tr>
<tr><td>协作精神</td><td></td><td></td><td></td><td></td><td></td><td></td><td></td><td></td><td></td></tr>
<tr><td>纪律观念</td><td></td><td></td><td></td><td></td><td></td><td></td><td></td><td></td><td></td></tr>
<tr><td>表达与分析能力</td><td></td><td></td><td></td><td></td><td></td><td></td><td></td><td></td><td></td></tr>
<tr><td>工作态度</td><td></td><td></td><td></td><td></td><td></td><td></td><td></td><td></td><td></td></tr>
<tr><td>任务总体表现</td><td></td><td></td><td></td><td></td><td></td><td></td><td></td><td></td><td></td></tr>
<tr><td>小计分</td><td colspan="3"></td><td colspan="3"></td><td colspan="3"></td></tr>
<tr><td>总评分</td><td colspan="9"></td></tr>
</table>

世赛知识

国际交流活动

我国各项目集训队非常注重国际交流。人力资源社会保障部曾多次邀请世界技能组织成员国和地区的专家到中国来为我国的参赛选手及其技术指导专家团队进行参赛知识的普及和问题解答，这些活动丰富了我国参赛专家、教练和选手的世赛知识，增长了选手的实战经验，既锻炼了能力，又找到了差距和不足。

2019 年 4 月 11 日至 14 日，2019 澳大利亚全球技能挑战赛在澳大利亚墨尔本市举办。本届挑战赛共设 24 个比赛项目，共有 16 个国家和地区参赛。在本次国际交流比赛中，中国代表团派出 24 名选手参加了 23 个比赛项目，取得 7 金 5 银 3 铜的优异成绩，位列金牌榜和奖牌榜首位。其中，美容项目选手李真芹获得中国代表团国家最佳奖。平面设计技术、时装技术、美容、美发、家具制作、精细木工、机电一体化共 7 个项目获得金牌；木工、制冷与空调、烘焙、珠宝加工、汽车喷漆共 5 个项目获得银牌；3D 数字游戏艺术、油漆与装饰、网络系统管理共 3 个项目获得铜牌。

学习任务四　汽车转向灯不亮故障检修

学习目标

1. 能描述信号系统的作用、组成和安装位置。
2. 能进行信号系统的检查。
3. 能描述转向灯的作用和组成。
4. 能进行转向灯的检查与更换。
5. 能描述转向灯控制电路的作用和组成。
6. 能进行转向灯控制电路的识读。
7. 能分析并确定转向灯控制电路的简单故障和原因。
8. 能进行转向灯控制电路简单故障检修。
9. 能描述危险警告信号控制电路的作用和组成。
10. 能进行危险警告信号控制电路的识读。
11. 能分析并确定危险警告信号控制电路的简单故障和原因。
12. 能进行危险警告信号控制电路简单故障检修。
13. 能对维修场地设备进行日常维护保养，按“6S”管理规定要求清理现场。
14. 能对相关资料、互联网资源进行检索，完成检修工单和工作页的填写。
15. 能展示工作成果，进行任务评价，总结工作经验，优化检修方案。
16. 能在作业过程中严格执行企业操作规范、安全生产制度、环保管理制度，严格遵守从业人员的职业道德，具有吃苦耐劳、爱岗敬业的工作态度和职业责任感。

16 学时。

工作情境描述

某客户在操作汽车转向灯开关时，发现左后转向灯不亮，于是将车辆开往维修站维修。经班组长检查，初步判断为左后转向灯故障。汽车修理工需要对转向灯系统进行检查，根据维修手册相关要求，在规定时间内，参照维修资料完成转向灯系统的检查与零部件的更换工作，自检合格后交付班组长验收。

工作流程与活动

1. 信号系统的认知（2 学时）
2. 转向灯的检查与更换（2 学时）
3. 转向灯控制电路简单故障检修（6 学时）
4. 危险警告信号控制电路简单故障检修（4 学时）
5. 工作总结与评价（2 学时）

思维导图

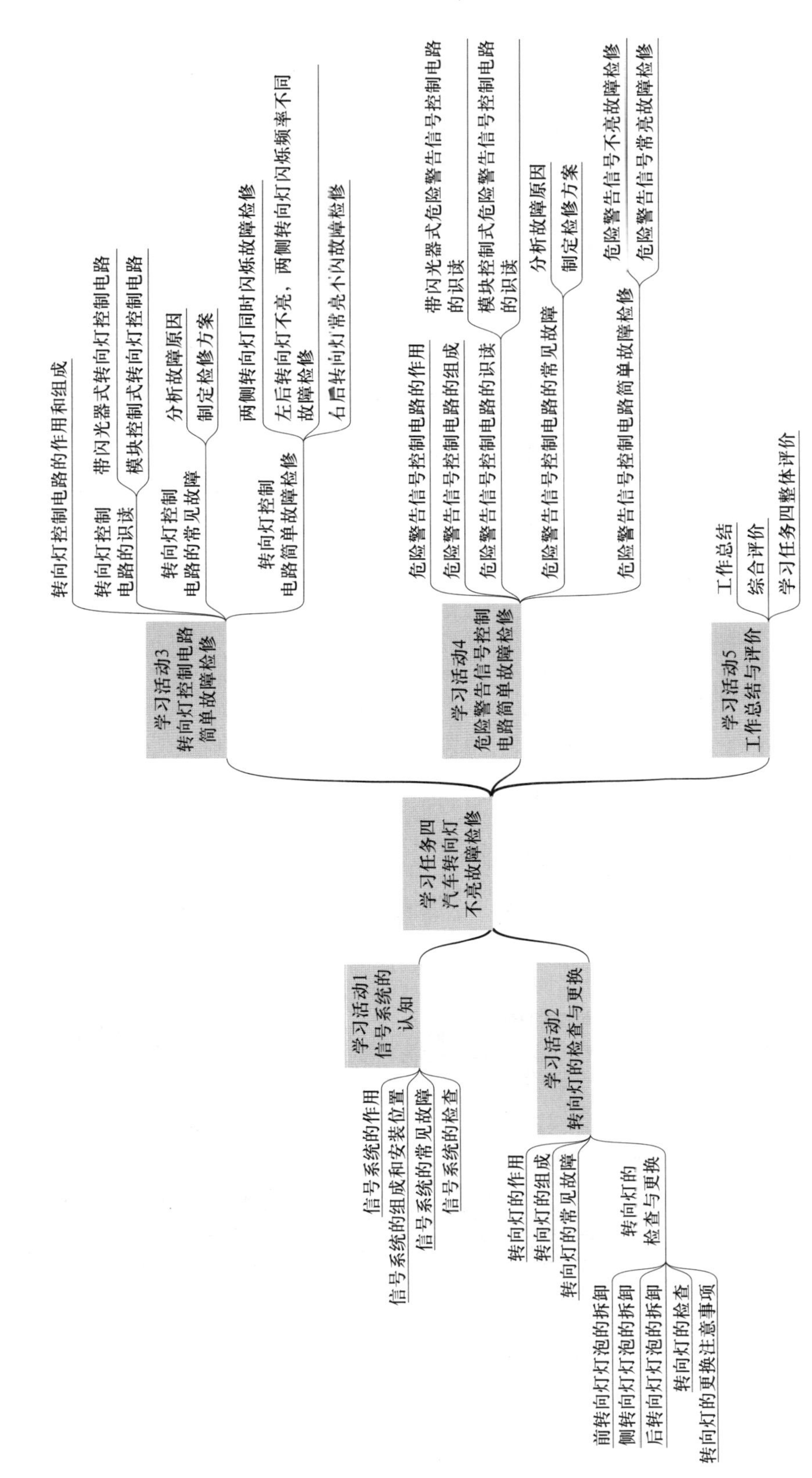

学习任务四
汽车转向灯
不亮故障检修
学习活动1
信号系统的
认知
信号系统的作用
信号系统的组成和安装位置
信号系统的常见故障
信号系统的检查
学习活动2
转向灯的检查与更换
转向灯的作用
转向灯的组成
转向灯的常见故障
转向灯的
检查与更换
前转向灯灯泡的拆卸
侧转向灯灯泡的拆卸
后转向灯灯泡的拆卸
转向灯的检查
转向灯的更换注意事项
学习活动3
转向灯控制电路
简单故障检修
转向灯控制电路的作用和组成
转向灯控制
电路的识读
带闪光器式转向灯控制电路
模块控制式转向灯控制电路
转向灯控制
电路的常见故障
分析故障原因
制定检修方案
转向灯控制
电路简单故障检修
两侧转向灯同时闪烁故障检修
左后转向灯不亮，两侧转向灯闪烁频率不同
故障检修
右后转向灯常亮不闪故障检修
学习活动4
危险警告信号控制
电路简单故障检修
危险警告信号控制电路的作用
危险警告信号控制电路的组成
危险警告信号控制电路的识读
带闪光器式危险警告信号控制电路
的识读
模块控制式危险警告信号控制电路
的识读
危险警告信号控制电路的常见故障
分析故障原因
制定检修方案
危险警告信号控制电路简单故障检修
危险警告信号不亮故障检修
危险警告信号常亮故障检修
学习活动5
工作总结与评价
工作总结
综合评价
学习任务四整体评价

学习活动 1　信号系统的认知

学习目标

1. 能描述信号系统的作用、组成和安装位置。
2. 能进行信号系统的检查。

建议学时：2 学时。

学习过程

一、信号系统的作用

为保证行车安全，驾驶员必须能够及时获取行车时其他车辆的各种工作信息，因此，驾驶员要通过车辆的__信号系统__向外界提供一定的操作信息。

二、信号系统的组成和安装位置

1. 汽车信号系统一般由__驻车灯__、__转向灯__、__危险警告信号__、__制动灯__、__倒车灯__等组成，查阅资料，对信号系统的组成部件进行认知，并填写图 4–1–1 和图 4–1–2 所示组成部件的名称。

图 4–1–1　车辆前部的信号灯

2. 查阅资料，对信号系统各部件的名称、作用及安装位置进行认知，并在表 4–1–1 中填写相关内容。

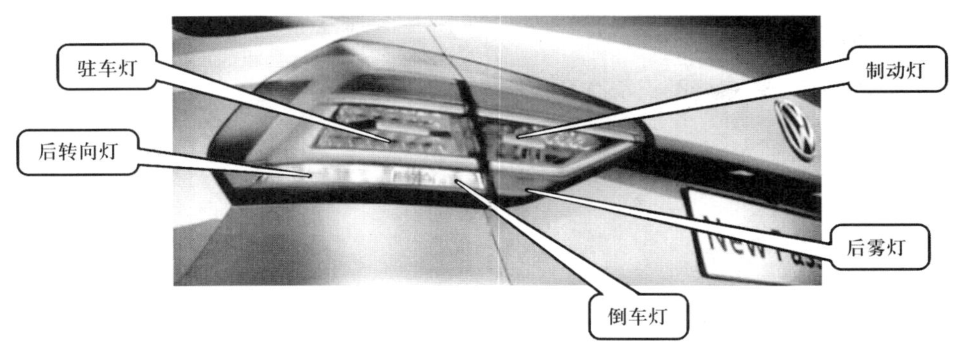

图 4-1-2　车辆后部的信号灯

表 4-1-1　汽车信号系统组成部件的认知

序号	图示	名称	作用	安装位置	操作开关
1		驻车灯	显示车辆的宽度和位置	组合前照灯内	灯光开关挡
2		转向灯、危险警告信号	指示车辆的行驶趋势，向其他车辆或行人发出警告信号	车辆的四个角上以及后视镜下边角	转向灯开关、危险警告信号开关
3	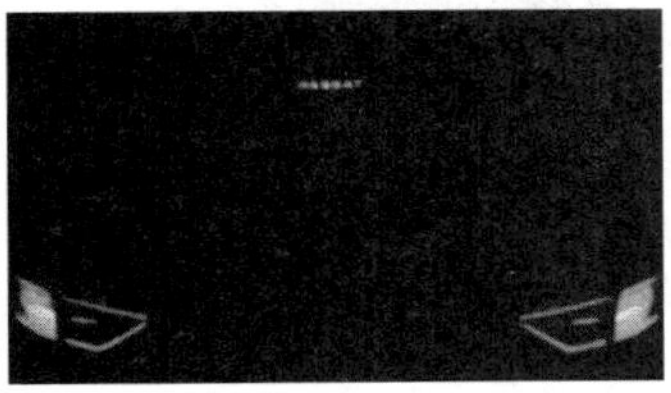	制动灯	向后方车辆发出制动信号	车辆尾部以及汽车玻璃外边缘	制动灯开关
4		倒车灯	向后方车辆或行人发出倒车信号，并辅助照明	车辆尾部	倒车灯开关
5		喇叭	以声音信号警告车辆或行人	散热器附近	喇叭开关

三、信号系统的常见故障

信号系统的常见故障有：驻车灯不正常点亮、转向灯不正常点亮、危险警告信号不正常点亮、制动灯不正常点亮、倒车灯不正常点亮和喇叭不响等，可能的故障原因有：控制电路开关损坏、灯泡损坏、线路短路或断路、熔丝损坏等。

四、信号系统的检查

根据信号系统的常见故障及可能的原因，进行信号系统的检查。

在待修车辆上找到信号系统的各个零部件并进行检查，将检查情况记录在表 4–1–2 中。

表 4–1–2　　汽车信号系统的检查

检查项目	作业内容	检查情况
检查驻车灯	按照图示，打到灯光开关挡，检查驻车灯的工作情况   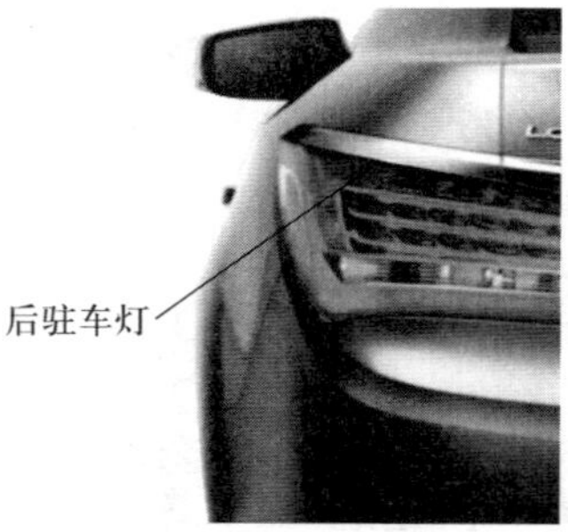 日间行车灯（前驻车灯） 后驻车灯	□正常 □不正常
检查转向灯	按照图示，将转向开关置于左转或者右转位置，检查各转向灯的工作情况 	□正常 □不正常

续表

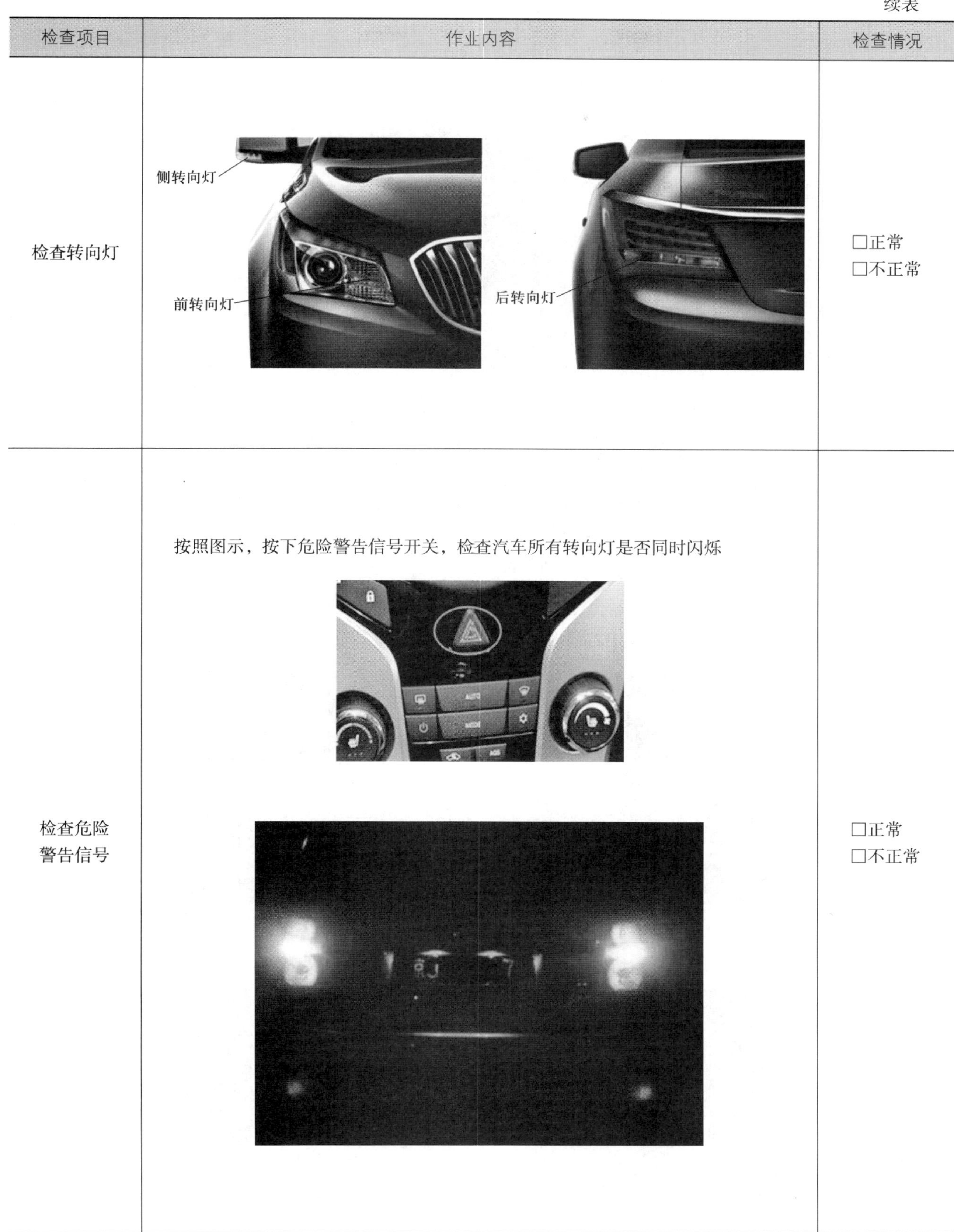

检查项目	作业内容	检查情况
检查转向灯		□正常 □不正常
检查危险警告信号	按照图示，按下危险警告信号开关，检查汽车所有转向灯是否同时闪烁	□正常 □不正常

续表

检查项目	作业内容	检查情况
检查制动灯	按照图示，踩下制动踏板，检查制动灯的工作情况   高位制动灯 制动灯	□正常 □ 不正常
检查倒车灯	按照图示，挂入倒挡，检查倒车灯的工作情况   倒车灯	□正常 □不正常
检查喇叭	按照图示，按下喇叭开关，检查喇叭的工作情况  	□ 正常 □不正常

五、学习活动评价

学习活动评价见表 4–1–3。

表 4–1–3　学习活动评价表

<table>
<tr><td>班级</td><td></td><td>姓名</td><td></td><td>学号</td><td></td><td>日期</td><td>年　月　日</td></tr>
<tr><td>序号</td><td colspan="4">评价要点</td><td>配分</td><td>得分</td><td>总评</td></tr>
<tr><td>1</td><td colspan="4">能正确识读和填写工作页，明确学习活动要求</td><td>10</td><td></td><td rowspan="8">A □（86 ~ 100 分）
B □（76 ~ 85 分）
C □（60 ~ 75 分）
D □（60 分以下）</td></tr>
<tr><td>2</td><td colspan="4">能查阅资料，写出信号系统的作用</td><td>20</td><td></td></tr>
<tr><td>3</td><td colspan="4">能查阅资料，写出信号系统的组成和安装位置</td><td>20</td><td></td></tr>
<tr><td>4</td><td colspan="4">能按规范流程，检查信号系统的工作情况</td><td>20</td><td></td></tr>
<tr><td>5</td><td colspan="4">能遵守劳动纪律，以积极的态度接受工作任务</td><td>10</td><td></td></tr>
<tr><td>6</td><td colspan="4">能积极参与小组讨论，发挥团队合作精神</td><td>10</td><td></td></tr>
<tr><td>7</td><td colspan="4">能及时完成教师布置的任务</td><td>10</td><td></td></tr>
<tr><td colspan="5">总　分</td><td>100</td><td></td></tr>
<tr><td>小结
建议</td><td colspan="7"></td></tr>
</table>

学习活动 2　转向灯的检查与更换

学习目标

1. 能描述转向灯的作用和组成。
2. 能进行转向灯的检查与更换。

建议学时：2 学时。

学习过程

一、转向灯的作用

转向灯是指示＿车辆动态信息＿的主要信号装置，它安装于车辆两侧，灯光的颜色一般为＿琥珀色＿，灯泡的功率一般是＿20 W＿。当车辆转弯时，转向灯会发出＿交替的闪光信号＿，提醒前后车辆及行人注意车辆的行驶方向。车辆转向后，驾驶员回转转向盘，控制装置可自动使转向开关复位，转向灯熄灭。转向信号装置应具有一定的闪烁频率，相关国家标准规定闪烁频率一般为＿每分钟 65 ~ 120 次＿。

二、转向灯的组成

转向灯一般由＿转向灯灯泡和转向灯灯壳＿组成。

转向灯可分为＿白炽灯泡转向灯＿和＿LED 转向灯＿两种类型。

三、转向灯的常见故障

转向灯的常见故障有：两侧转向灯同时闪烁；一侧转向灯不亮，两侧转向灯闪烁频率不同；一侧转向灯常亮不闪等。可能的故障原因有：＿转向灯电路短路、某转向灯不亮、转向灯功率不同等＿。

四、转向灯的检查与更换

根据转向灯的常见故障及可能的故障原因，进行转向灯的检查与更换。

1．前转向灯灯泡的拆卸

参照图 4–2–1 和图 4–2–2，将前转向灯灯泡的拆卸步骤补充完整。

（1）断开点火开关和所有用电器件。

（2）打开发动机舱盖，找到组合前照灯中的前转向灯。

（3）沿着图 4–2–1 所示箭头方向转动＿前转向灯灯泡＿的底座，并小心地将转向灯灯泡和底座从前照灯壳体中取出。

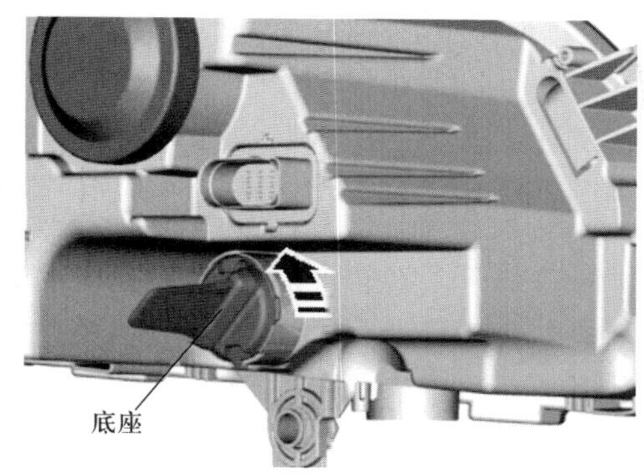

图 4–2–1　取下灯座

（4）将前转向灯灯泡 2 稍微压入到灯座 1 中，并沿图 4–2–2 所示箭头方向转动前转向灯灯泡，将前转向灯灯泡从灯座中拉出。

2．侧转向灯灯泡的拆卸

按照图 4–2–3 至图 4–2–5 所示操作内容，将侧转向灯灯泡的拆卸步骤补充完整。

（1）如图 4–2–3 所示，用一字旋具从转向灯边缘撬出＿侧转向灯壳体＿。

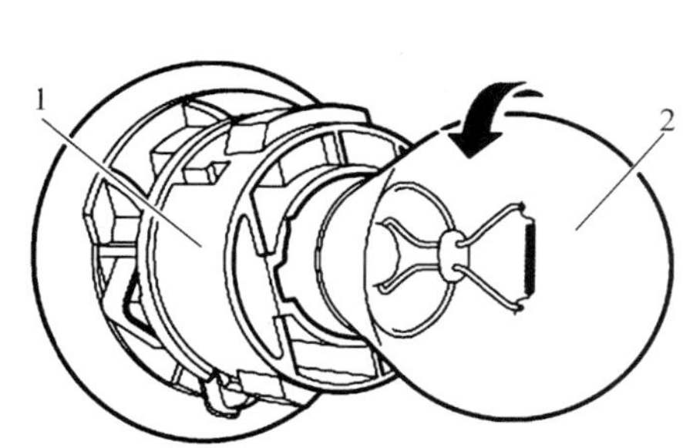

图 4–2–2　取下前转向灯灯泡

1—灯座　2—前转向灯灯泡

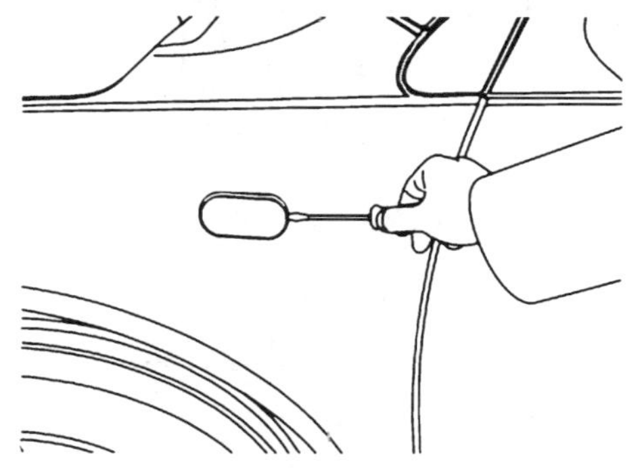

图 4–2–3　撬出＿侧转向灯壳体＿

（2）如图 4–2–4 所示，断开侧转向灯插接器。

（3）按照图 4–2–5 所示，旋出侧转向灯灯泡。

3．后转向灯灯泡的拆卸

参照图 4–2–6 和图 4–2–7，将后转向灯灯泡的拆卸步骤补充完整。

（1）断开点火开关和所有用电器件。

（2）拆卸汽车车身上的尾灯。

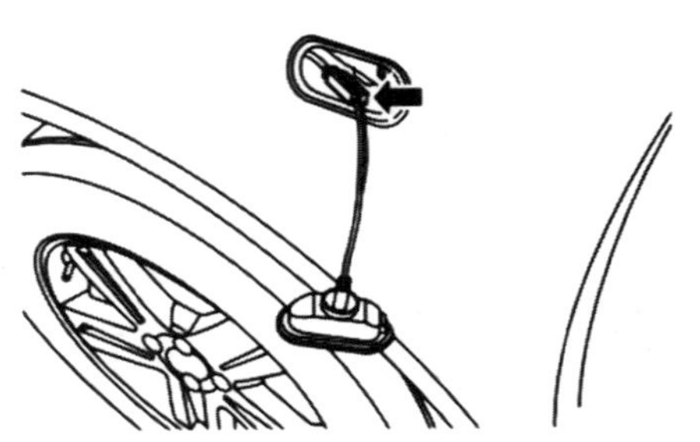

图 4-2-4　断开侧转向灯插接器

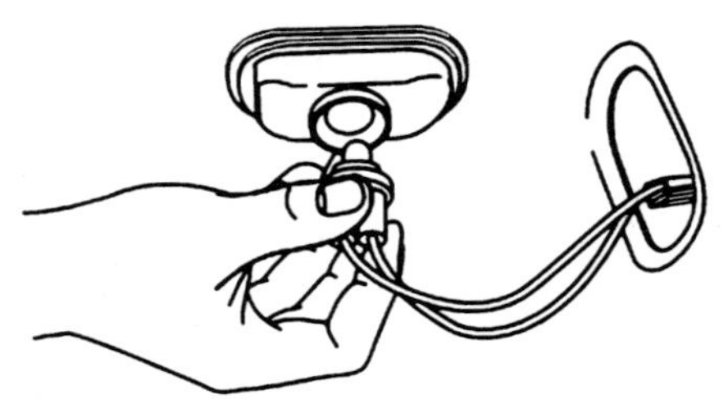

图 4-2-5　旋出侧转向灯灯泡

（3）沿着图 4-2-6 所示箭头方向松开卡子，取出__后转向灯__带灯泡的底座。

（4）取出图 4-2-7 中的后转向灯灯泡。

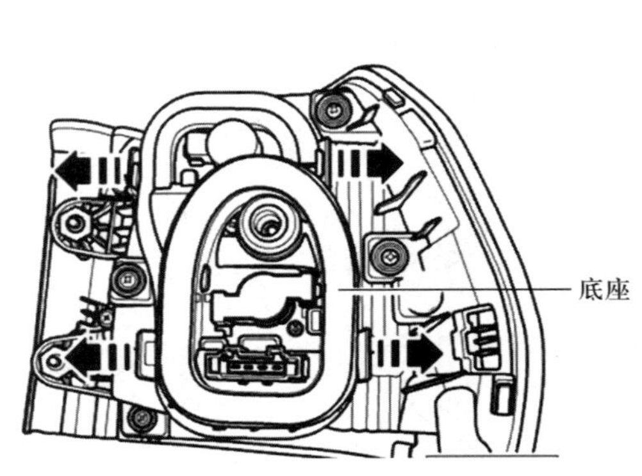

图 4-2-6　取出底座

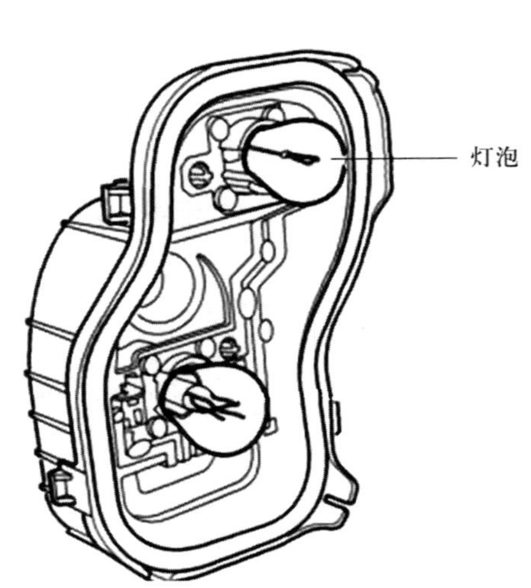

图 4-2-7　取出后转向灯灯泡

4．转向灯的检查

（1）转向灯的清洁

清洗转向灯的__壳体__表面，并用抹布擦干净。

（2）转向灯外部壳体的检查

1）检查转向灯透镜是否破裂，如果破裂，应予以更换。

2）检查转向灯安装是否牢固，如果松动，应予以紧固。

（3）转向灯灯泡的检查

检查转向灯的__灯泡__是否正常工作。若不正常，应予以更换。

5．转向灯的更换注意事项

（1）要更换的转向灯应根据__灯泡的功率__进行选择。

（2）更换转向灯时，检修人员应避免用手直接接触__灯泡__，以免在灯泡上留下油脂。若灯泡上粘有油脂，在灯泡接通时油脂受热蒸发，会导致灯泡__变暗__。

五、学习活动评价

学习活动评价见表 4–2–1。

表 4–2–1　学习活动评价表

<table>
<tr><td>班级</td><td></td><td>姓名</td><td></td><td>学号</td><td></td><td>日期</td><td>年　月　日</td></tr>
<tr><td>序号</td><td colspan="5">评价要点</td><td>配分</td><td>得分</td><td>总评</td></tr>
<tr><td>1</td><td colspan="5">能正确识读和填写工作页，明确学习活动要求</td><td>10</td><td></td><td rowspan="9">A □（86 ~ 100 分）
B □（76 ~ 85 分）
C □（60 ~ 75 分）
D □（60 分以下）</td></tr>
<tr><td>2</td><td colspan="5">能查阅资料，写出转向灯的作用</td><td>10</td><td></td></tr>
<tr><td>3</td><td colspan="5">能查阅资料，写出转向灯的组成</td><td>15</td><td></td></tr>
<tr><td>4</td><td colspan="5">能按规范流程，完成转向灯的拆卸</td><td>15</td><td></td></tr>
<tr><td>5</td><td colspan="5">能按规范流程，完成转向灯的检查与更换</td><td>20</td><td></td></tr>
<tr><td>6</td><td colspan="5">能遵守劳动纪律，以积极的态度接受工作任务</td><td>10</td><td></td></tr>
<tr><td>7</td><td colspan="5">能积极参与小组讨论，发挥团队合作精神</td><td>10</td><td></td></tr>
<tr><td>8</td><td colspan="5">能及时完成教师布置的任务</td><td>10</td><td></td></tr>
<tr><td colspan="6">总　分</td><td>100</td><td></td></tr>
<tr><td>小结
建议</td><td colspan="8"></td></tr>
</table>

学习活动 3　转向灯控制电路简单故障检修

学习目标

1. 能描述转向灯控制电路的作用和组成。
2. 能进行转向灯控制电路的识读。
3. 能分析并确定转向灯控制电路的简单故障和原因。
4. 能进行转向灯控制电路简单故障检修。

建议学时：6 学时。

学习过程

一、转向灯控制电路的作用和组成

1．转向灯控制电路的作用是<u>连接电源、转向灯、转向灯控制开关、熔丝等部件，实现转向灯的点亮</u>。根据汽车车型不同，转向灯控制电路也不同，常用的转向灯控制电路有带闪光器式转向灯控制电路和模块控制式转向灯控制电路。

2．带闪光器式转向灯控制电路由<u>转向灯控制开关</u>、<u>闪光器</u>、点火开关、转向灯和转向指示灯等组成。闪光器用于控制转向信号灯的<u>闪烁频率</u>。闪光器的类型主要有电热式、电容式和电子式。<u>电子</u>式闪光器具有性能稳定、可靠性高、使用寿命长的特点。闪光器的闪烁频率一般为<u>每分钟 65～120 次</u>。

3．模块控制式转向灯控制电路由点火开关、车身控制模块、<u>转向灯开关</u>、<u>转向灯</u>等组成。这种电路主要通过<u>控制模块</u>来控制转向灯闪烁。

二、转向灯控制电路的识读

1．带闪光器式转向灯控制电路

图 4–3–1 所示为带闪光器式转向灯控制电路。

根据图 4–3–1，查阅相关资料，可以分析得出以下结论：

（1）转向灯要接通电源时<u>需要</u>（需要 / 不需要）打开点火开关。

（2）转向熔断器的作用是<u>保护转向灯电路</u>。

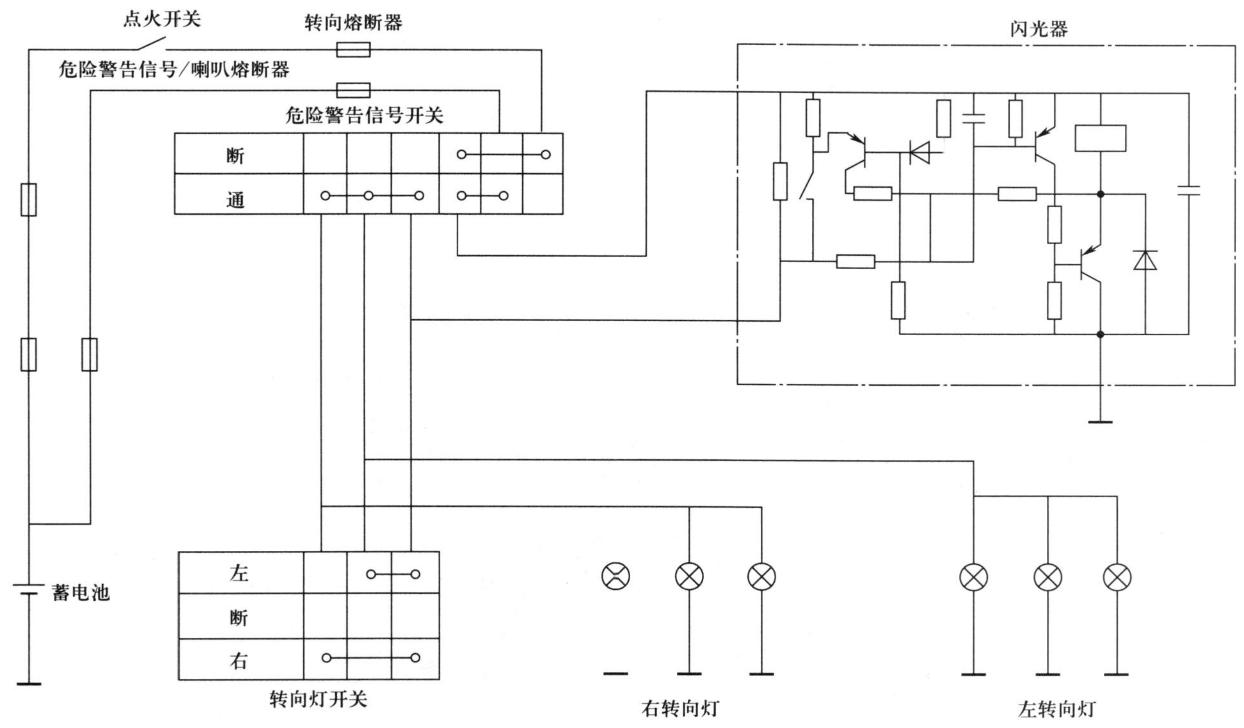

图 4–3–1　带闪光器式转向灯控制电路

（3）闪光器有___3___个插脚，这几个插脚分别是电源、信号和___搭铁___。闪光器的作用是___为转向灯发出交替电源___。

（4）控制左转向或右转向的开关是___转向灯开关___。

（5）各个转向灯是___并联___（串联 / 并联）的关系。

（6）在汽车转向时，___接通___点火开关，将___转向开关___置于“左”（或“右”）挡，电流从蓄电池正极→点火开关→转向熔断器→危险警告信号开关（处于“断开”状态）→___闪光器___→___危险警告信号开关（处于“接通”状态）___→转向灯开关“左”（或“右”）转向挡位→左（或右）转向灯→搭铁→蓄电池负极，左（或右）转向灯___闪烁___。

2．模块控制式转向灯控制电路

模块控制式转向灯开关电路和转向灯控制电路如图 4–3–2 和图 4–3–3 所示。

根据图 4–3–2 和图 4–3–3，查阅相关资料，可以分析得出以下结论：

（1）车身控制模块 K9 主要负责车身的电气控制，如车灯、门锁、喇叭、制动踏板信号等的控制。

（2）转向信号 / 多功能开关一共有___3___个端子，其中，端子“___3___”搭铁。控制左转的是端子“___1___”，控制右转的是端子“___2___”。与 K9 的 X3 端子“12”连接的是端子“___1___”，与 K9 的 X3 端子“24”连接的是端子“___2___”。

（3）转向灯只在汽车点火开关置于“ON”挡或“START”挡时才点亮。接收到转向请求信号后，车身控制模块 K9 通过数据总线传输，在___仪表___中显示左 / 右转向灯。

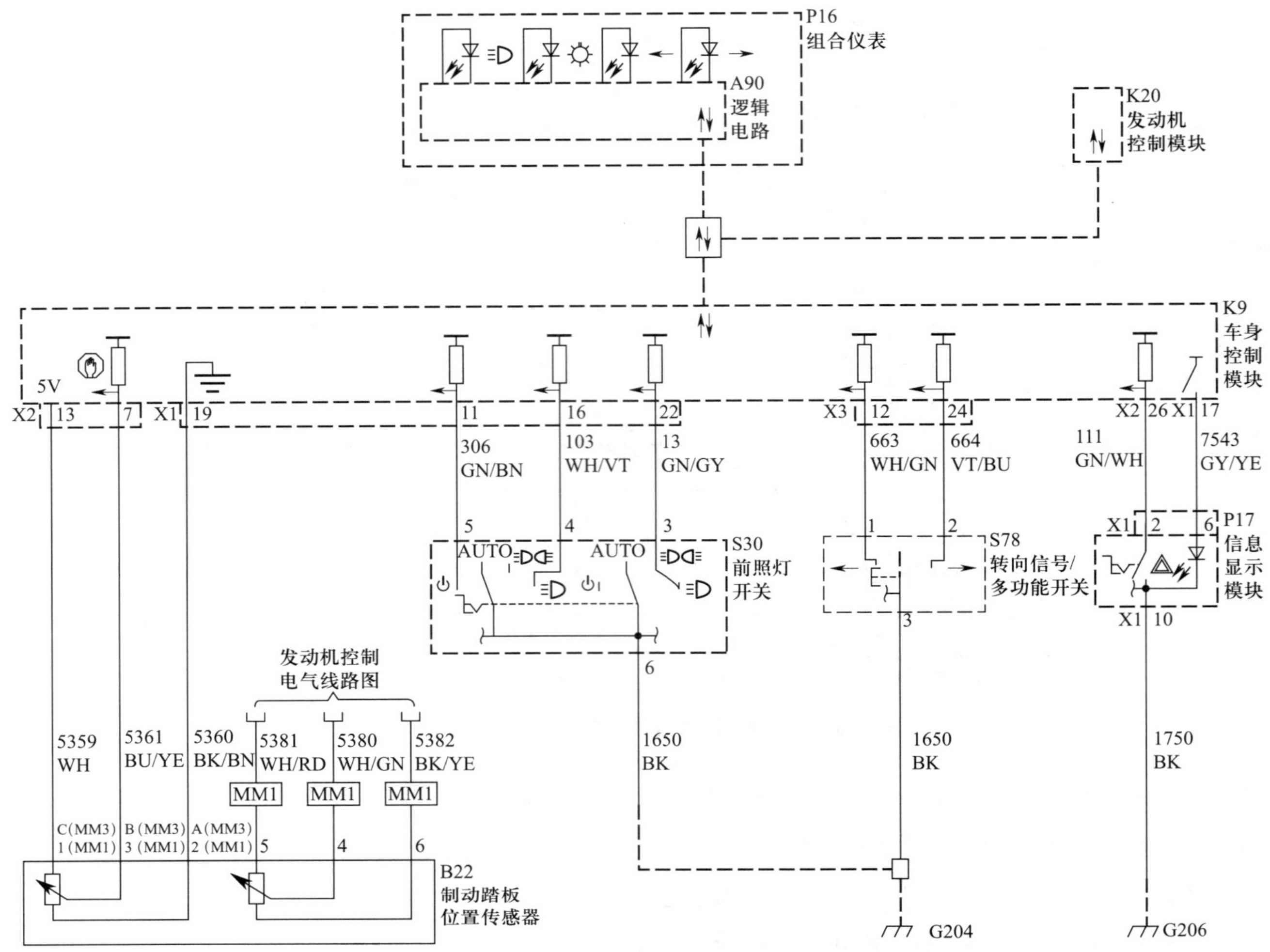

图 4-3-2 模块控制式转向灯开关电路

（4）接收到左转向请求信号后，车身控制模块 K9 给 X5 端子“__2__”提供脉冲电压，左前转向灯、左侧转向灯闪烁。K9 给 X5 端子“__1__”提供脉冲电压，左后转向灯闪烁。

（5）接收到右转向请求信号后，车身控制模块 K9 给 X4 端子“__3__”提供脉冲电压，右前转向灯、右侧转向灯闪烁。K9 给 X4 端子“4”提供脉冲电压，__右后转向__灯闪烁。

（6）左后转向灯有__2__个端子，X410 的端子“4”是左后转向灯的电源，这个电源是 K9 的线束连接器 X5 端子“1”提供的，X410 的端子“8”是__搭铁__，搭铁点是__G403__。

（7）右后转向灯有__2__个端子，X420 的端子“4”是__电源__，这个电源是 K9 的线束连接器 X4 端子“__4__”提供的，X420 的端子“__8__”是搭铁，搭铁点是 G307。

三、转向灯控制电路的常见故障

1．分析故障原因

查阅资料，在表 4-3-1 中写出转向灯控制电路故障可能的故障原因。

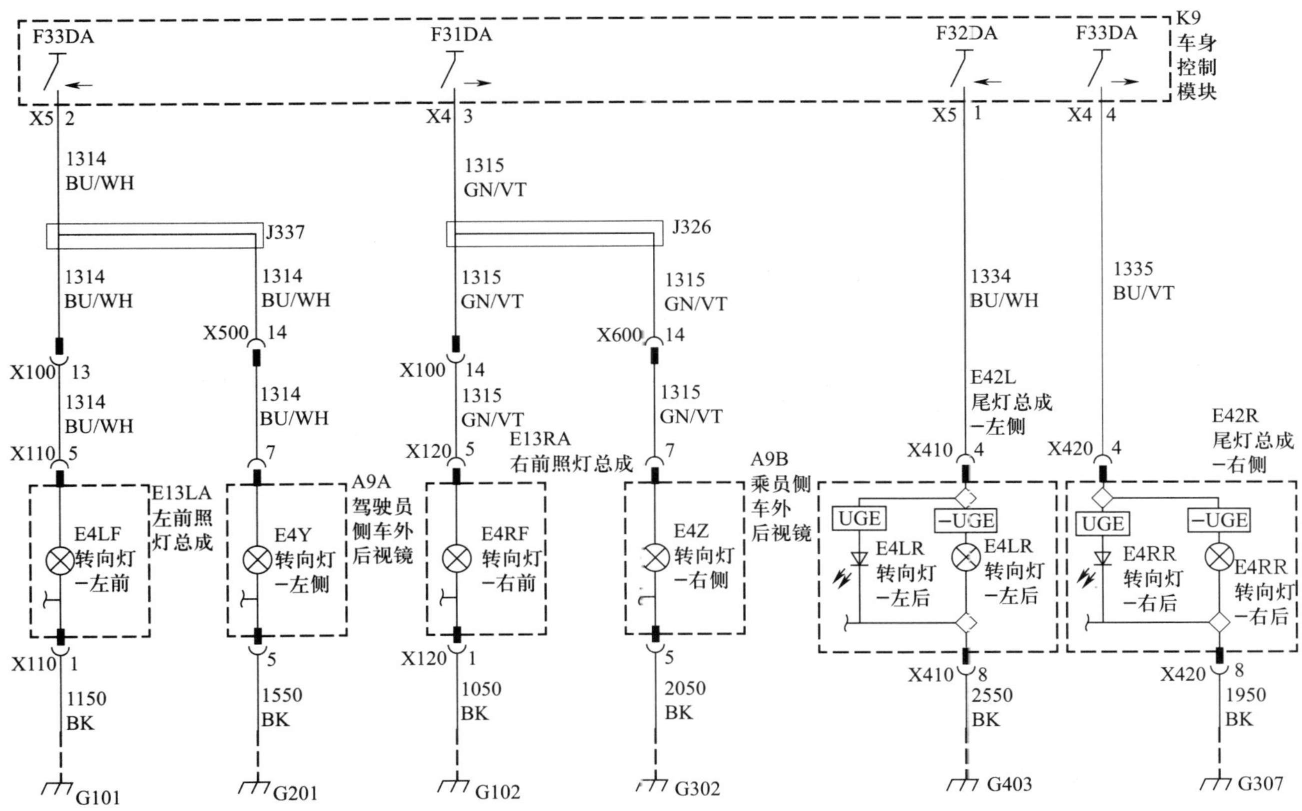

图 4-3-3　模块控制式转向灯控制电路

表 4-3-1　　转向灯控制电路故障原因分析

故障现象	可能的故障原因
两侧转向灯同时闪烁	转向灯开关损坏，有一侧转向灯短路
某一侧转向灯不亮，两侧转向灯闪烁频率不同	有一侧转向灯电源断路，灯泡损坏，搭铁不良
某一转向灯常亮不闪	有一侧转向灯电源短路

2．制定检修方案

根据任务要求，制定检修方案。

（1）根据具体工作内容，明确小组成员分工，填写在表 4-3-2 中。

表 4-3-2　　小组成员分工

姓名	分工
	（根据实际情况填写）

（2）根据要求列出检修所需主要工具及材料清单，填写在表 4–3–3 中。

表 4–3–3　　检修所需主要工具及材料清单

序号	工具及材料名称	单位	数量	备注
	（根据实际情况填写）			

（3）根据小组分工情况及客户要求，制定具体的检修工序，填写在表 4–3–4 中。

表 4–3–4　　检修工序安排

序号	检修工序内容	备注
	（根据实际情况填写）	

四、转向灯控制电路简单故障检修

下面以 2016 款别克威朗汽车为例，进行转向灯控制电路简单故障检修。

1．两侧转向灯同时闪烁故障检修

发生两侧转向灯同时闪烁故障时，应考虑从转向信号 / 多功能开关电路进行检查，排除故障。

（1）将点火开关置于“OFF”挡。

（2）断开车身控制模块 K9 的线束连接器 X3，如图 4–3–4 所示。

（3）用万用表测量车身控制模块 K9 的 X3 端子“12”与搭铁之间的电阻值应为<u>无穷大</u>，如图 4–3–5 所示。

（4）用万用表测量车身控制模块 K9 的 X3 端子“24”与搭铁之间的电阻值应为<u>无穷大</u>，如图 4–3–6 所示。

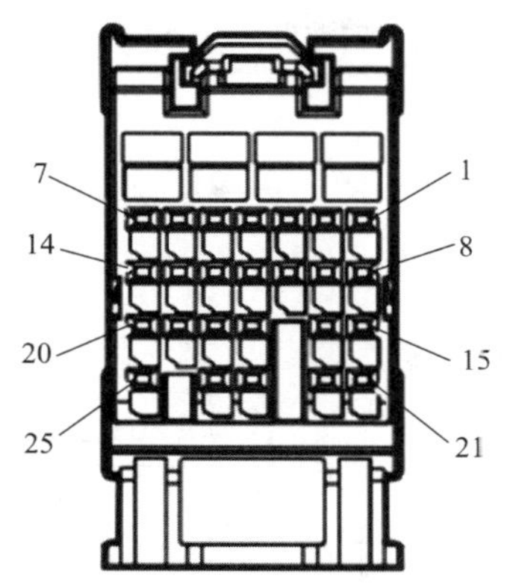

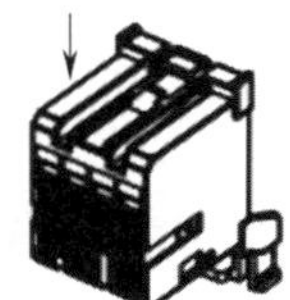

图 4-3-4　断开车身控制模块 K9 的线束连接器 X3

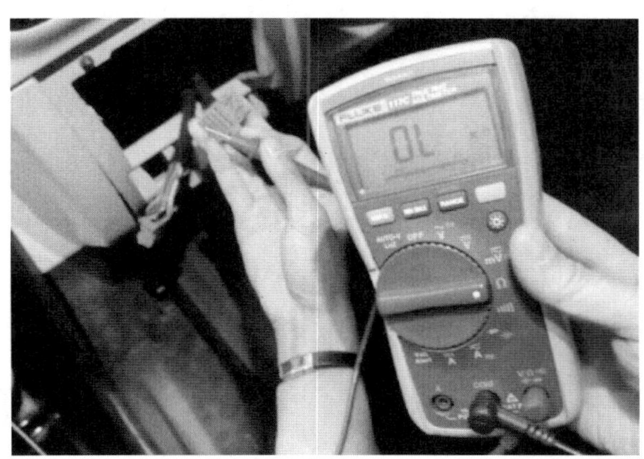

图 4-3-5　测量车身控制模块 K9 的 X3 端子“12”与搭铁之间的电阻值

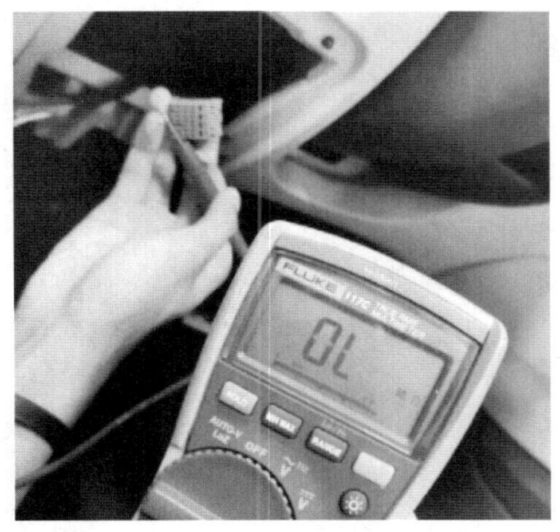

图 4-3-6　测量车身控制模块 K9 的 X3 端子“24”与搭铁之间的电阻值

如果测得的两个电阻值均不为无穷大，则可能是转向信号 / 多功能开关故障，需要更换<u>　转向信号 / 多功能开关　</u>。如果测得的两个电阻值均为无穷大，说明车身控制模块 K9 故障，应更换。

2．左后转向灯不亮，两侧转向灯闪烁频率不同故障检修

发生左后转向灯不亮，两侧转向灯闪烁频率不同故障时，应重点检查该转向灯的搭铁、电源和灯泡电路，排除故障。

（1）将点火开关置于“OFF”挡，断开左侧尾灯总成 E42L 的线束连接器 X410，如图 4-3-7 所示。

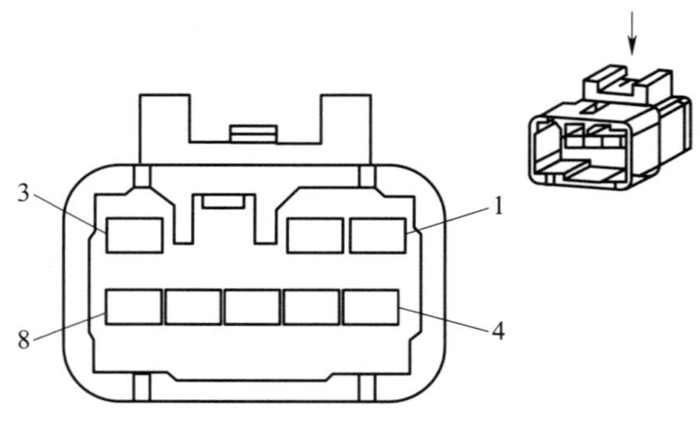

图 4-3-7　断开线束连接器 X410

（2）检查左后转向灯的搭铁电路，测量 X410 端子“8”与搭铁之间的电阻值应为<u> 0 </u>Ω。如果测得的电阻等于或大于 5 Ω，则测量搭铁电路的端对端电阻应为<u> 0 </u>Ω。如果测得的端对端电阻大于或等于 2 Ω，说明搭铁电路中存在<u> 断路 </u>故障，应检修。

（3）检查左后转向灯的电源电路，将点火开关置于“ON”挡，将转向开关置于左转向挡，用万用表测量 X410 的端子“4”的电压应为<u> 12 </u>V。

如果测得电压近似为 0，如图 4-3-8 所示，则检查 K9 的 X5 端子“1”与 X410 端子“4”之间的电阻应为<u> 0 </u>Ω。如果测得的电阻大于或等于 2 Ω，则说明左后转向灯电源电路中存在<u> 断路 </u>故障，应检修。

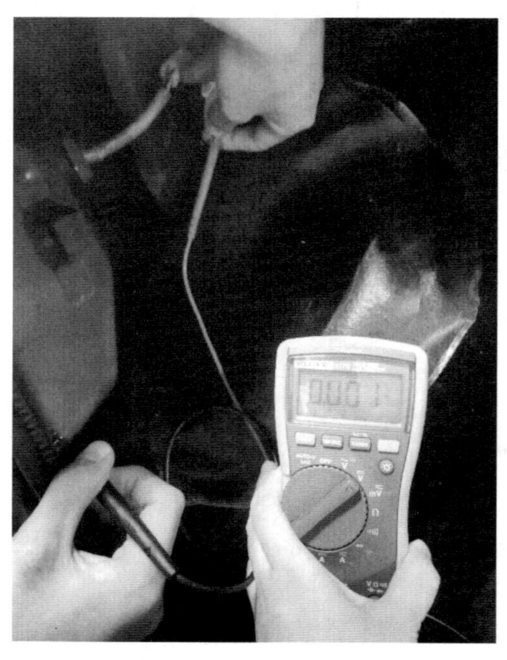
图 4-3-8　测量左后转向灯控制电源电压

（4）如果搭铁电路和电源电路正常，则应检查左后转向灯是否正常。如果左后转向灯正常，说明车身控制模块 K9 异常，应更换。

3．右后转向灯常亮不闪故障检修

发生右后转向灯常亮不闪故障时，应考虑该转向灯是否存在短路故障，重点检查电源电路，排除故障。

（1）将点火开关置于“OFF”挡。

（2）断开车身控制模块 K9 的线束连接器 X4，将点火开关置于“ON”挡，如图 4-3-9 所示。

图 4-3-9　断开车身控制模块 K9 的线束连接器 X4

（3）测量 X420 端子“4”与搭铁之间的电压应为 __0__ V。

如果测得的电压大于 1 V，如图 4-3-10 所示，说明电源电路存在 __短路__ 故障，应更换该电源电路。如果测得的电压小于 1 V，说明故障在车身控制模块 K9，应更换该模块。

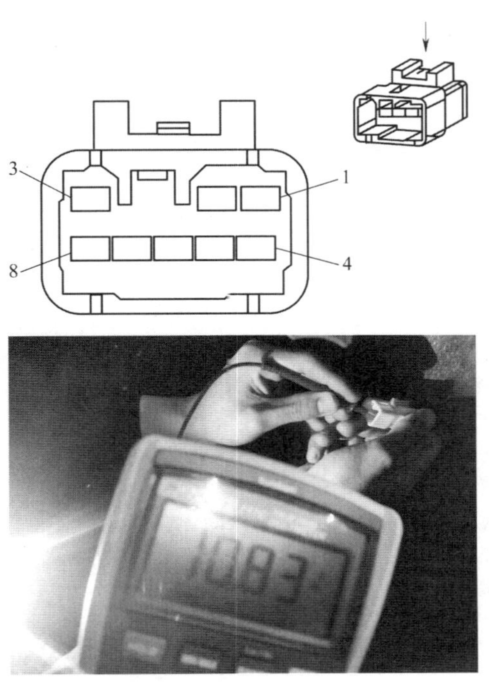

图 4-3-10　测量 X420 端子“4”与搭铁之间的电压

五、学习活动评价

学习活动评价见表 4–3–5。

表 4–3–5 学习活动评价

班级		姓名		学号		日期	年 月 日
序号	评价要点				配分	得分	总评
1	能正确识读和填写工作页，明确学习活动要求				10		A □（86 ~ 100 分） B □（76 ~ 85 分） C □（60 ~ 75 分） D □（60 分以下）
2	能查阅资料，写出转向灯控制电路的作用和组成				10		
3	能查阅资料，进行转向灯控制电路的识读				10		
4	能查阅资料，写出转向灯控制电路常见故障的原因				10		
5	能按规范流程，完成转向灯控制电路简单故障检修				30		
6	能遵守劳动纪律，以积极的态度接受工作任务				10		
7	能积极参与小组讨论，发挥团队合作精神				10		
8	能及时完成教师布置的任务				10		
总 分					100		
小结建议							

学习活动 4　危险警告信号控制电路简单故障检修

学习目标

1. 能描述危险警告信号控制电路的作用和组成。
2. 能进行危险警告信号控制电路的识读。
3. 能分析并确定危险警告信号控制电路的简单故障和原因。
4. 能进行危险警告信号控制电路简单故障检修。

建议学时：4 学时。

学习过程

一、危险警告信号控制电路的作用

在车辆发生故障或者处于特殊状态下时，按下__危险警告信号开关__会点亮所有转向灯，警示其他车辆和行人。危险警告信号在点火开关接通和断开时均__能__（能 / 不能）工作。

二、危险警告信号控制电路的组成

1．带闪光器式危险警告信号控制电路包括__危险警告信号开关__、__闪光器__、转向灯和转向指示灯等。

2．模块控制式危险警告信号控制电路包括__危险警告信号开关__、车身控制模块 K9、__转向灯__、__转向指示灯__等。

三、危险警告信号控制电路的识读

1．带闪光器式危险警告信号控制电路的识读

根据图 4-3-1 所示电路，可以分析得出以下结论：

（1）危险警告信号开关要接通电源时__不需要__（需要 / 不需要）打开点火开关。

（2）危险警告信号开关有__2__个挡位，分别是__通__和__断__。

（3）危险警告信号开关__可以__（可以 / 不可以）同时给所有转向灯供电。

（4）在危险警告信号控制电路中，转向灯开关<u>不需要</u>（需要 / 不需要）参与工作。

（5）按下<u>危险警告信号开关</u>，电流从蓄电池正极→危险警告信号 / 喇叭熔断器→危险警告信号开关→<u>闪光器</u>→<u>危险警告信号开关</u>→左、右转向灯→搭铁→蓄电池负极，左、右转向灯<u>同时闪烁</u>。

2．模块控制式危险警告信号控制电路的识读

根据图 4–3–2、图 4–3–3 所示电路，可以分析得出以下结论：

（1）信息显示模块 P17 一共有<u>3</u>个端子，其中，端子“<u>10</u>”是搭铁。控制接通危险警告信号开关的是端子“<u>2</u>”。与 K9 上线束连接器 X2 端子“26”连接的是端子“<u>2</u>”，与 K9 上线束连接器 X1 端子“17”连接的是端子“<u>6</u>”。

（2）接到危险警告信号请求后，车身控制模块 K9 给线束连接器 X5 端子“2”、线束连接器 X4 端子“3”、线束连接器 X5 端子“<u>1</u>”、线束连接器 X4 端子“4”同时提供脉冲电压，所有转向灯闪烁。

（3）接通危险警告信号开关时，危险警告信号开关在车身控制模块 K9 上对应的信号端子会<u>搭铁</u>，作为对危险警告信号开关的反应，车身控制模块 K9 会给<u>转向灯</u>提供蓄电池电压，全部转向灯同时闪烁。激活危险警告信号开关时，车身控制模块 K9 向<u>仪表</u>发送串行数据信息，转向指示灯会循环点亮和熄灭。

四、危险警告信号控制电路的常见故障

1．分析故障原因

查阅资料，在表 4–4–1 中填写危险警告信号控制电路故障可能的故障原因。

表 4–4–1　　危险警告信号控制电路故障原因分析

故障现象	可能的故障原因
危险警告信号不亮	危险警告信号开关断路
	危险警告信号开关线路断路
	危险警告信号开关搭铁不良
危险警告信号常亮	危险警告信号开关短路
	危险警告信号开关线路短路

2．制定检修方案

根据任务要求，制定检修方案。

（1）根据具体工作内容，明确小组成员分工，填写在表 4–4–2 中。

表 4-4-2　小组成员分工

姓名	分工
	（根据实际情况填写）

（2）根据要求列出检修所需主要工具及材料清单，填写在表 4-4-3 中。

表 4-4-3　检修所需主要工具及材料清单

序号	工具及材料名称	单位	数量	备注
	（根据实际情况填写）			

（3）根据小组分工情况及客户要求，制定具体的检修工序，填写在表 4-4-4 中。

表 4-4-4　检修工序安排

序号	检修工序内容	备注
	（根据实际情况填写）	

五、危险警告信号控制电路简单故障检修

1．危险警告信号不亮故障检修

发生危险警告信号不亮故障时，应考虑从信息显示模块 P17 搭铁电路和信号电路进行检查，排除故障。

（1）测量信息显示模块 P17 的搭铁电路

将点火开关置于“OFF”挡，测量信息显示模块 P17 的搭铁端子“10”与搭铁之间的电阻应为 0 Ω。如果测得的电阻大于或等于 2 Ω，说明搭铁电路中有 断路 故障，应更换搭铁电路，如图 4-4-1 所示。

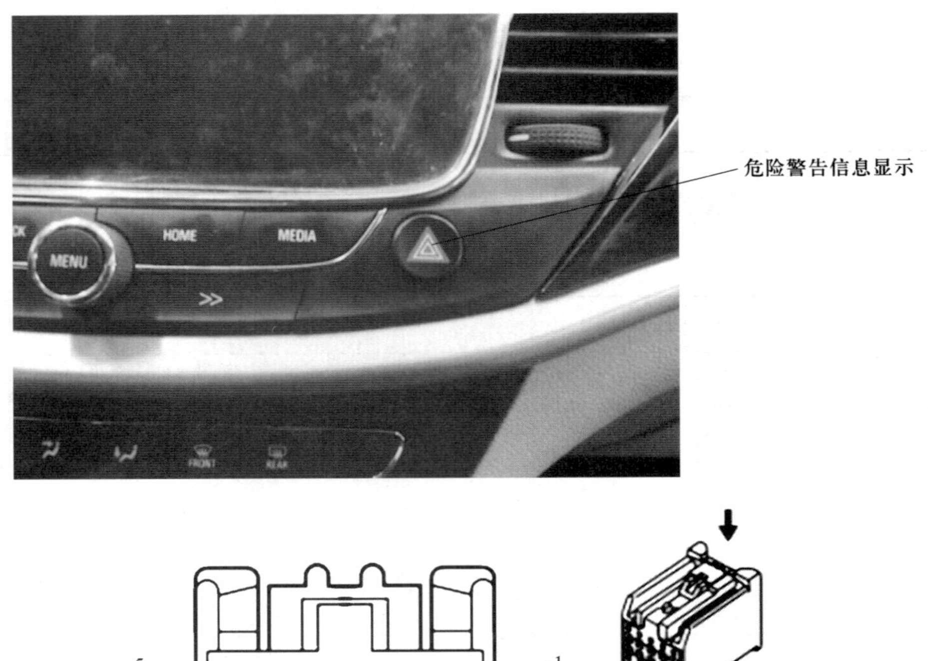

图 4-4-1 信息显示模块 P17

（2）测量信息显示模块 P17 的信号电路

断开车身控制模块 K9 的线束连接器 X2，如图 4-4-2 所示。

图 4-4-2 断开车身控制模块 K9 的线束连接器 X2

闭合信息显示模块 P17，用万用表测量信息显示模块 P17 的端子“2”与搭铁之间的电阻应为__0__Ω。如果测得的电阻大于或等于 2 Ω，说明信号电路中存在__断路__故障，则测量信息显示模块 P17 的端子“2”与端子“10”之间的电阻应为__0__Ω，测量车身控制模块 K9 线束连接器 X2 端子“26”与信息显示模块 P17 X1 端子“2”的电阻应为__0__Ω。如果测得的这两个电阻均小于 2 Ω，说明车身控制模块 K9 有故障，应更换。

2．危险警告信号常亮故障检修

发生危险警告信号常亮故障时，应考虑信息显示模块 P17 可能存在短路故障，主要从信息显示模块 P17 信号线路和 P17 自身进行检查，排除故障。

（1）测量信息显示模块 P17 信号线路

将点火开关置于“OFF”挡，断开车身控制模块 K9 的线束连接器 X2。

用万用表测量车身控制模块 K9 的线束连接器 X2 端子“26”与搭铁之间的电阻应为__无穷大__，如图 4–4–3 所示。如果测得的电阻不为无穷大，则说明信号电路中存在__短路__故障，应更换端子 26 所在电路。

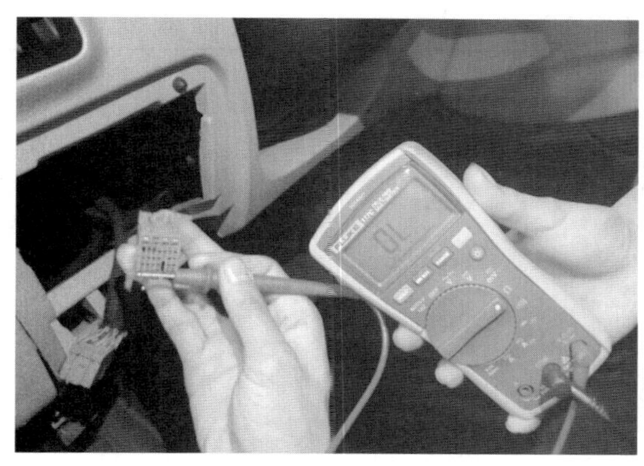

图 4–4–3　测量车身控制模块 K9 的线束连接器 X2 端子“26”与搭铁之间的电阻

如果测得的电阻为无穷大，则继续测量信息显示模块 P17 端子“2”与搭铁之间的电阻应为__无穷大__。如果测得的电阻不为无穷大，则说明电路中存在__短路__故障，应更换端子“2”所在电路。

（2）测量信息显示模块 P17

不闭合信息显示模块 P17，测量信息显示模块 P17 端子“2”与端子“10”之间的电阻应为__无穷大__。如果测得的电阻小于或等于 2 Ω，则说明信息显示模块 P17 的开关存在__短路__故障，应更换信息显示模块 P17，否则应更换车身控制模块 K9。

六、学习活动评价

学习活动评价见表 4–4–5。

表 4-4-5　学习活动评价表

班级		姓名		学号		日期	年　月　日
序号	评价要点				配分	得分	总评
1	能正确识读和填写工作页，明确学习活动要求				10		A □（86～100 分） B □（76～85 分） C □（60～75 分） D □（60 分以下）
2	能查阅资料，写出危险警告信号控制电路的作用和组成				10		
3	能查阅资料，进行危险警告信号控制电路的识读				15		
4	能查阅资料，写出危险警告信号控制电路常见故障的原因				10		
5	能按规范流程，完成危险警告信号控制电路简单故障检修				25		
6	能遵守劳动纪律，以积极的态度接受工作任务				10		
7	能积极参与小组讨论，发挥团队合作精神				10		
8	能及时完成教师布置的任务				10		
总　分					100		
小结建议							

学习活动 5　工作总结与评价

学习目标

1. 能以小组形式，对学习过程和成果进行总结。
2. 能完成对学习过程的综合评价。

建议学时：2 学时。

学习过程

一、工作总结

在世界技能大赛中，选手应具有一定的组织规划、沟通、创新等能力，这在实际的生产工作中是十分必要的。以小组为单位，选择演示文稿、展板、海报、视频等形式中的一种或几种，向全班展示、汇报学习成果。

二、综合评价

针对本任务的学习情况，根据表 4–5–1 所列综合评价标准进行评分。

表 4–5–1　　综合评价标准

评价项目	评价内容及标准	配分	评分		
			自我评价	小组评价	教师评价
工作组织和管理	团队合作，合理计划，高效管理时间	3			
	定期检查工作进展和效果	3			
	保证高质量完成工作	4			
沟通能力	深度咨询客户，完全理解其要求	10			
	提供明确说明，准确回答客户的疑问	10			
计划创新能力	及时处理工作中遇到的问题	10			
	提出创新性、可行性建议，提高客户满意度	10			

续表

评价项目	评价内容及标准	配分	评分		
			自我评价	小组评价	教师评价
专业知识	具备信号系统的组成、功能及原理等知识	5			
	具备汽车转向灯和危险警告信号故障检修知识	10			
实践能力	具备汽车转向灯的检查和更换技能	5			
	具备汽车转向灯控制电路故障检修技能	10			
	具备汽车转向灯及危险警告信号控制电路识读技能	10			
	具备汽车危险警告信号控制电路故障检修技能	10			
学生姓名		综合评价得分			
指导教师		日期			

三、学习任务四整体评价

学习任务四整体评价见表 4–5–2。

表 4–5–2　学习任务四整体评价表

项目	自我评价			小组评价			教师评价		
	10～9 分	8～6 分	5～1 分	10～9 分	8～6 分	5～1 分	10～9 分	8～6 分	5～1 分
	占总评 10%			占总评 30%			占总评 60%		
学习活动 1									
学习活动 2									
学习活动 3									
学习活动 4									
学习活动 5									
协作精神									
纪律观念									
表达与分析能力									
工作态度									
任务总体表现									
小计分									
总评分									

世赛知识

世界技能组织

世界技能组织（WSI）是世界技能大赛的组织机构，其前身是国际职业技能训练组织（IVTO）。20世纪50年代，西班牙和葡萄牙两国发起并创立了“国际职业技能训练组织”，目的是感召青年人重视职业技能，引导社会和雇主重视职业技能培训，并通过举办世界性的竞赛来实现该目标。后来，在“国际职业技能训练组织”50周年会员大会上，“国际职业技能训练组织’更名为“世界技能组织”。世界技能组织是非政府国际组织，注册地在荷兰。

世界技能组织的宗旨是提升公众对技能人才的认可度，展示技能在实现经济发展和个人职业生涯中的重要性。

世界技能组织的目标如下：

（1）通过各成员的共同努力，促进世界技能组织的发展。

（2）把世界技能大赛作为加强技能认同、促进技能发展的主要方式。

（3）发展一个现代化的、灵活的组织机构，支持世界技能组织的全球性活动。

（4）与政府、非政府组织和所选择的企业发展战略合作伙伴关系，共同为实现组织的目标而努力。

（5）传播信息，共享知识、技能标准和世界技能组织的评价标准。

（6）建立便利的国际联系网络，为世界技能组织的利益相关者创造更多技能发展和技能创新的机会。

（7）鼓励世界技能组织成员和世界范围内的年轻人加强技能、知识和文化的交流。

学习任务五　汽车仪表照明灯不亮故障检修

学习目标

1. 能描述仪表的作用和类型。
2. 能描述仪表的组成和安装位置。
3. 能进行仪表的检查。
4. 能描述仪表系统的组成和工作原理。
5. 能进行仪表系统的检查与更换。
6. 能描述仪表系统控制电路的作用和组成。
7. 能进行仪表系统控制电路的识读。
8. 能分析并确定仪表系统控制电路的简单故障和原因。
9. 能进行仪表系统控制电路简单故障检修。
10. 能对维修场地设备进行日常维护保养，按“6S”管理规定要求清理现场。
11. 能对相关资料、互联网资源进行检索，完成检修工单和工作页的填写。
12. 能展示工作成果，进行任务评价，总结工作经验，优化检修方案。
13. 能在作业过程中严格执行企业操作规范、安全生产制度、环保管理制度，严格遵守从业人员的职业道德，具有吃苦耐劳、爱岗敬业的工作态度和职业责任感。

建议学时

12 学时。

工作情境描述

某客户将汽车仪表系统调到灯光开关挡时，仪表照明灯不亮，于是将车辆开往维修站维修。经班组长检查，初步判断为仪表系统故障。汽车修理工需对仪表系统进行检查，根据维修手册相关要求，在规定时间内，参照维修资料完成仪表系统的检查与零部件的更换工作，自检合格后交付班组长验收。

工作流程与活动

1．仪表的认知（2 学时）

2．仪表系统的检查与更换（4 学时）

3．仪表系统控制电路简单故障检修（4 学时）

4．工作总结与评价（2 学时）

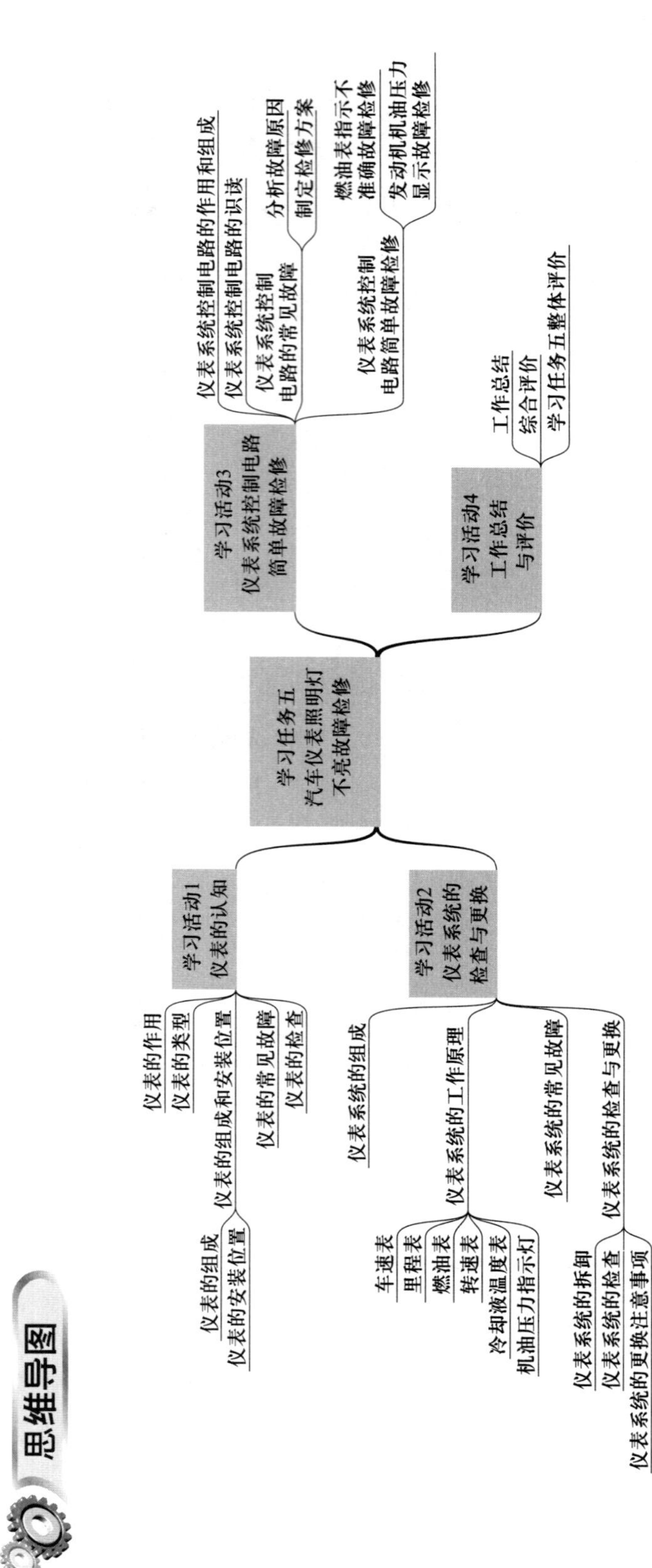
思维导图
学习任务五
汽车仪表照明灯
不亮故障检修
学习活动1
仪表的认知
仪表的作用
仪表的类型
仪表的组成和安装位置
仪表的组成
仪表的安装位置
仪表的常见故障
仪表的检查
学习活动2
仪表系统的
检查与更换
仪表系统的组成
仪表系统的工作原理
车速表
里程表
燃油表
转速表
冷却液温度表
机油压力指示灯
仪表系统的常见故障
仪表系统的检查与更换
仪表系统的拆卸
仪表系统的检查
仪表系统的更换注意事项
学习活动3
仪表系统控制电路
简单故障检修
仪表系统控制电路的作用和组成
仪表系统控制电路的识读
仪表系统控制
电路的常见故障
分析故障原因
制定检修方案
仪表系统控制
电路简单故障检修
燃油表指示不
准确故障检修
发动机机油压力
显示故障检修
学习活动4
工作总结
与评价
工作总结
综合评价
学习任务五整体评价

学习活动 1　仪表的认知

学习目标

1. 能描述仪表的作用和类型。
2. 能描述仪表的组成和安装位置。
3. 能进行仪表的检查。

建议学时：2 学时。

学习过程

一、仪表的作用

仪表是人与汽车的交互界面，可以为驾驶员提供汽车的__运行参数__、__故障__、__里程__等相关信息，是现代汽车中必不可少的部件。

二、仪表的类型

按照工作原理不同，汽车常规仪表可分为__步进电动机指针式__和__液晶显示式__两大类。将仪表组合安装在一起的称为__组合仪表__；内部装有大规模集成电路及微处理器的称为__智能仪表__。

三、仪表的组成和安装位置

1．仪表的组成

如图 5-1-1 所示，汽车仪表一般由__转速表__、__车速表__、__里程表__、__冷却液温度表__、__燃油表__等组成。

（1）驾驶员信息中心一般位于仪表板的__中下方或仪表板中央显示屏上__，它的任务是通过代码提示或者文字提示显示__车辆的各种附加信息__。

（2）仪表指示灯用于提醒__驾驶员车辆相关系统的工作状态，提醒驾驶员注意车辆是否处于安全状态__。指示灯一般有 3 种颜色，指示系统正常或者处于启用状态一般用__绿色__；指示系统关闭或者故障一般用__黄色__；指示系统故障，车辆不能继续行驶需检修一般用__红色__。当点火开关置于“ON”挡时，仪表系统会进行自检，在这个过程中，所有的指示灯会__点亮__。自检结束，如果系统处于正常状态，指示灯会__熄灭__；如果系统不工作或存在故障，指示灯会__常亮__。

图 5-1-1　汽车仪表

（3）查阅资料，填写表 5-1-1 中所列指示灯的名称及含义。

表 5-1-1　　指示灯的名称及含义

图示	名称	含义
	发动机故障指示灯	用来显示车辆排放状况。接通点火开关，车辆进行自检，该指示灯点亮，数秒之后自动熄灭。如果该指示灯常亮或在车辆行驶中忽然亮起，说明发动机存在一定的技术或排放问题，需停车检修
	ABS 指示灯	用来显示 ABS 系统的工作状况。接通点火开关，车辆进行自检，该指示灯点亮，数秒之后自动熄灭。如果该指示灯常亮或在车辆行驶中忽然亮起，说明 ABS 系统有故障，需停车检修
	安全带指示灯	用来指示安全带是否处于锁止状态。当该指示灯点亮时，说明安全带没有被扣紧。有些车型还会发出相应的提示音。当安全带被扣紧后，该指示灯自动熄灭
	定速巡航指示灯	用于显示车辆定速巡航的工作状况。若该指示灯点亮，说明车辆定速巡航功能被启用。关闭定速巡航功能之后，该指示灯自动熄灭

续表

图示	名称	含义
	充电指示灯	用来显示电源系统的工作状况。接通点火开关，车辆进行自检，该指示灯点亮，汽车起动后自动熄灭。如果该指示灯常亮或在行驶中忽然亮起，说明电源系统存在故障，需停车检修
	机油压力指示灯	用来显示发动机机油压力状况。接通点火开关，车辆进行自检，该指示灯点亮，车辆起动后该指示灯自动熄灭。如果该指示灯常亮或在车辆行驶中忽然亮起，说明发动机机油压力低于规定值，需停车检修
	燃油量指示灯	该指示灯用于显示车辆燃油量的多少。接通点火开关，车辆进行自检，该指示灯点亮，数秒之后自动熄灭。如果该指示灯常亮或在车辆行驶中忽然亮起，说明车辆燃油不足，应在短时间内加油
	安全气囊指示灯	用来显示安全气囊的工作状态。接通点火开关，车辆进行自检，该指示灯点亮，数秒之后自动熄灭。如果该指示灯常亮或在车辆行驶中忽然亮起，说明安全气囊系统有故障，需停车检修
	制动盘指示灯	用来显示制动片的磨损状况。接通点火开关，车辆进行自检，该指示灯点亮，数秒之后自动熄灭。当制动片过度磨损时，该指示灯点亮，更换摩擦片后该指示灯自动熄灭
	车门未关指示灯	用来显示车辆各车门关闭情况，若任意车门未关上或者未关好，相应的车门未关指示灯会点亮。当再次将车门关闭或关好时，相应车门未关指示灯熄灭

续表

图示	名称	含义
	驻车指示灯	用来显示车辆制动系统的状态。接通点火开关，车辆进行自检，该指示灯点亮，数秒之后自动熄灭。若该指示灯忽然点亮，可能是制动系统发生故障、制动系统液位过低、制动片未放松到底，需停车检修
	轮胎气压指示灯	用于警示驾驶员轮胎气压不足。接通点火开关，车辆进行自检，该指示灯点亮，数秒之后自动熄灭。若该指示灯常亮或在车辆行驶中忽然亮起，表明轮胎气压异常，需停车检修
	冷却液温度指示灯	用来显示发动机冷却系统的工作状况。接通点火开关，车辆进行自检，该指示灯点亮，数秒之后自动熄灭。如果该指示灯常亮或在车辆行驶中忽然亮起，说明车辆冷却液温度超过规定值，需停车检修
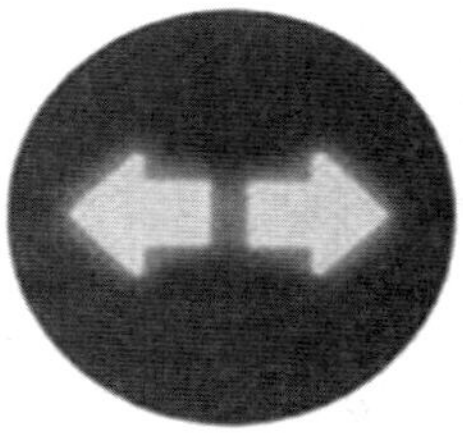	转向指示灯	用来显示转向系统的工作状况。接通点火开关，车辆进行自检，该指示灯点亮，数秒之后自动熄灭。将转向开关打至左、右转向或者在危险警告信号开关按下、转向灯闪烁的同时，相应的转向指示灯也会一起闪烁
	远光指示灯	用来显示远光灯的工作状况。接通点火开关，车辆进行自检，该指示灯点亮，数秒之后自动熄灭。将变光开关打至远光挡位，在远光灯亮起的同时，远光指示灯也会瞬间点亮

2．仪表的安装位置

汽车仪表是驾驶员与汽车之间进行沟通的部件，所以需要安装在驾驶室的 仪表板 上，如图 5-1-2 所示。

图 5-1-2　仪表的安装位置

四、仪表的常见故障

仪表的常见故障有：仪表指示不准确、指示灯不亮等，可能的故障原因有：仪表存在故障、各种传感器或传输信号有故障、线路故障等。

五、仪表的检查

根据仪表的常见故障及可能的故障原因，进行仪表的检查。

1．将点火开关置于“ON”挡时，观察仪表指示灯是（是 / 否）都点亮，几秒钟之后仍然点亮的指示灯有（根据实际情况填写）；将点火开关置于“起动（ST）”挡，仍然点亮的指示灯有（根据实际情况填写）。

2．分析指示灯没有熄灭的原因，填写在表 5-1-2 中。

表 5-1-2　指示灯没有熄灭的原因

指示灯名称	没有熄灭的原因
	（根据实际情况填写）

六、学习活动评价

学习活动评价见表 5-1-3。

表 5-1-3 学习活动评价表

<table>
<tr><td>班级</td><td colspan="2"></td><td>姓名</td><td></td><td>学号</td><td></td><td>日期</td><td>年 月 日</td></tr>
<tr><td>序号</td><td colspan="5">评价要点</td><td>配分</td><td>得分</td><td>总评</td></tr>
<tr><td>1</td><td colspan="5">能正确识读和填写工作页，明确学习活动要求</td><td>10</td><td></td><td rowspan="9">A □（86 ~ 100 分）
B □（76 ~ 85 分）
C □（60 ~ 75 分）
D □（60 分以下）</td></tr>
<tr><td>2</td><td colspan="5">能查阅资料，写出仪表的作用</td><td>10</td><td></td></tr>
<tr><td>3</td><td colspan="5">能查阅资料，写出仪表的类型</td><td>10</td><td></td></tr>
<tr><td>4</td><td colspan="5">能查阅资料，写出仪表的组成和安装位置</td><td>20</td><td></td></tr>
<tr><td>5</td><td colspan="5">能按规范流程，完成仪表的检查</td><td>20</td><td></td></tr>
<tr><td>6</td><td colspan="5">能遵守劳动纪律，以积极的态度接受工作任务</td><td>10</td><td></td></tr>
<tr><td>7</td><td colspan="5">能积极参与小组讨论，发挥团队合作精神</td><td>10</td><td></td></tr>
<tr><td>8</td><td colspan="5">能及时完成教师布置的任务</td><td>10</td><td></td></tr>
<tr><td colspan="6">总 分</td><td>100</td><td></td></tr>
<tr><td>小结
建议</td><td colspan="8"></td></tr>
</table>

学习活动 2　仪表系统的检查与更换

学习目标

1. 能描述仪表系统的组成和工作原理。
2. 能进行仪表系统的检查与更换。

建议学时：4 学时。

学习过程

一、仪表系统的组成

仪表系统主要由硬件与软件两大部分组成。__硬件__主要指其电路部分，采用传感器对各种信号进行检测，然后在微处理器软件的作用下对各种信号进行转换、处理，最后由显示电路显示出各种信息。__软件__是生产厂家预先写入存储器中的各种控制程序，用来完成信号的处理和对各种功能进行控制。

二、仪表系统的工作原理

图 5–2–1 所示为仪表系统的组成框图。仪表系统通常由传感器检测电路、输入电路、中央处理器、输出电路、显示电路等构成。传感器检测电路包括车速传感器、__转速传感器__、燃油量传感器、冷却液温度传感器、油压传感器等，还有各种开关也是作为传感器使用的，如转向灯开关、车门开关等。这些传感器实时地将检测到的车辆各种状态信息提供给控制模块，完成信号的采集功能。

显示电路在中央处理器的作用下完成对各种控制功能的显示，如车速表、转速表、燃油表、冷却液温度表、里程表等。汽车数字式仪表的显示方式有以下两种：一种是__LCD 显示__。这种显示方式的特点是采用 LCD 显示屏直接将各种功能用英文字母、数字、图形等形式显示出来，具有直观、醒目等优点，且体积较小。另一种是__指针显示__。这种显示方式的特点是采用数字电路控制__步进电动机__，由步进电动机驱动指针进行显示。其基本原理如下：步进电动机将__数字式脉冲信号__转换为__机械角位移__，一个脉冲信号可以驱动步进电动机按设定的方向转动一个固定的角度，它的旋转是以固定的角度一步步运行的，通过控制__脉冲个数__来控制__角位移量__，从而达到准确定位的目的；同时，还可以通过控制脉冲频率来控制电动机转动的速度和加速度，以达到调速的目的。

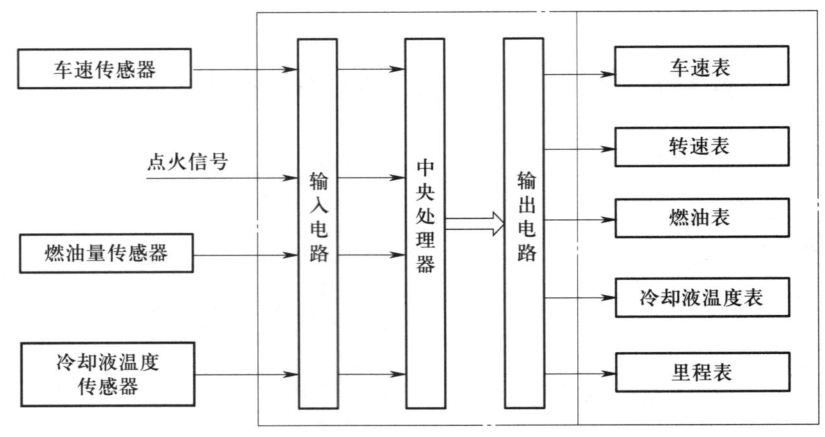

图 5–2–1　仪表系统的组成框图

数字显示方式的控制性能好，抗干扰能力强，广泛应用于汽车仪表指针旋转角度的控制。汽车上的车速、发动机转速、燃油量、发动机冷却液温度等信息大都采用指针显示方式进行指示。

1．车速表

车速表用来显示<u>汽车行驶速度</u>，车速表的单位是<u>km/h</u>。<u>发动机控制模块</u>将车速信息发送给车身控制模块，车身控制模块将信息发送给仪表控制单元，以 km/h 的方式显示在车速表中，如图 5–2–2 所示。

图 5–2–2　车速表

2．里程表

里程表的作用是显示<u>车辆的行驶里程</u>，包括<u>车辆总里程</u>和<u>短距离行驶里程</u>。发动机控制模块将<u>车速</u>传感器的信号转换成距离信号，通过总线将信号发送给车身控制模块，车身控制模块将信号发送给<u>仪表控制单元</u>，显示汽车当前行驶里程，如图 5–2–3 所示。

图 5–2–3　里程表

3．燃油表

燃油表的作用是显示油箱内的<u>燃油液位</u>。发动机控制模块将<u>燃油量</u>传感器的信号通过总线发送给车身控制模块，车身控制模块将信号发送给<u>仪表控制单元</u>，显示当前燃油液位，如图 5–2–4 所示。

图 5–2–4　燃油表

4．转速表

转速表用来显示<u>发动机的转速</u>，便于驾驶员选择发动机的最佳速度范围，把握换挡时机。转速表的单位是<u>r/min</u>。发动机控制模块将<u>转速</u>传感器的信号通过总线发送给车身控制模块，<u>车身控制模块</u>将信号发送给仪表控制单元，显示当前发动机转速，如图 5–2–5 所示。

图 5–2–5　转速表

5．冷却液温度表

冷却液温度表用来显示发动机冷却液的<u>温度</u>，由<u>发动机控制模块</u>将冷却液温度传感器的信号提供给车身控制模块，车身控制模块通过<u>数据总线</u>将信号发送给组合仪表进行显示，如图 5–2–6 所示。

图 5–2–6　冷却液温度表

6．机油压力指示灯

机油压力指示灯是发动机润滑系统工作状况指示装置。发动机工作时，必须保持正常油压。如果油压过低，各摩擦表面会因得不到足够的润滑而加快磨损，影响发动机正常工作。在汽车行驶过程中，一旦发现机油压力指示为零、机油压力指示灯亮，应立即停车检查，只有在确认润滑系统机油压力正常后，车辆才能继续行驶。

如图 5–2–7 所示，发动机控制模块监测<u>发动机机油压力</u>，组合仪表从发动机控制模块接收到指示发动机机油压力的串行数据信息，并以指示灯的方式显示出来。

a）

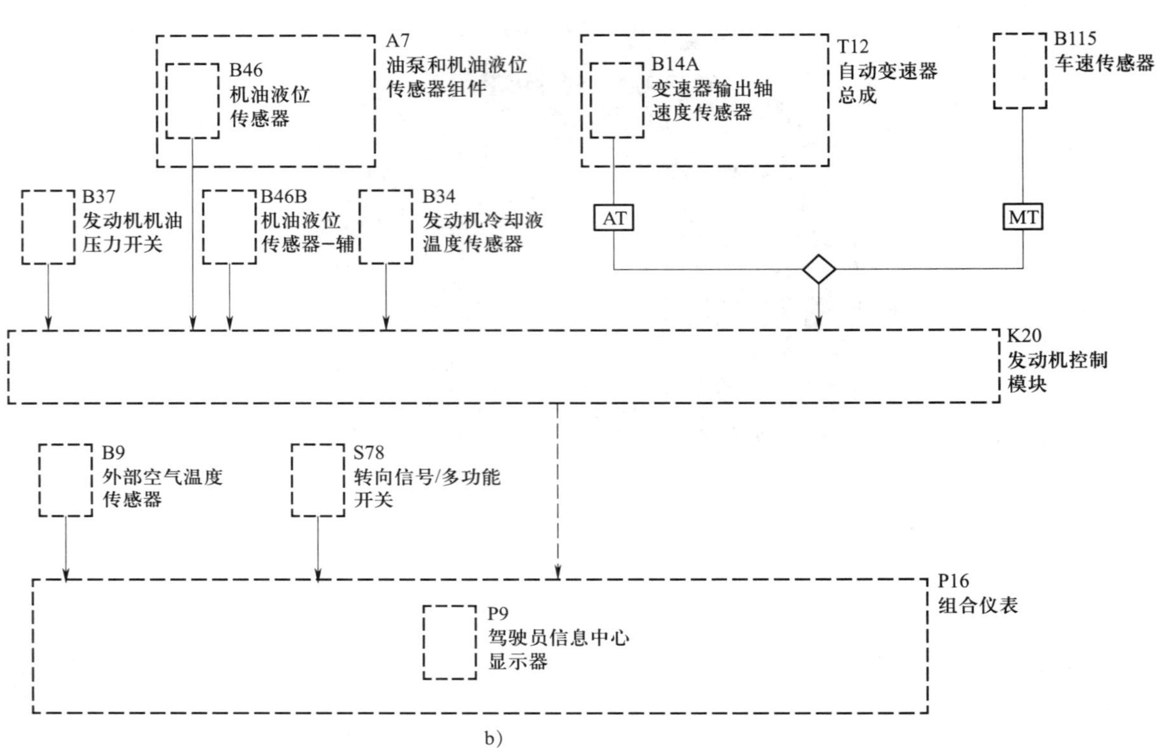

b）

图 5-2-7　机油压力指示灯

a）实物图　b）控制电路图

三、仪表系统的常见故障

组合仪表的常见故障有：仪表显示不准确、指示灯不亮等，可能的故障原因有：<u>仪表本身故障、传感器故障、线路故障等</u>。

四、仪表系统的检查与更换

根据仪表系统的常见故障及可能的原因，进行仪表系统的检查与更换。

1．仪表系统的拆卸

按照表 5-2-1 完成组合仪表的拆卸，并将拆卸步骤补充完整。

表 5-2-1　　组合仪表的拆卸

序号	拆装步骤	图示
1	调整转向盘到最低位置，拆卸组合仪表装饰面板的<u>螺栓</u>	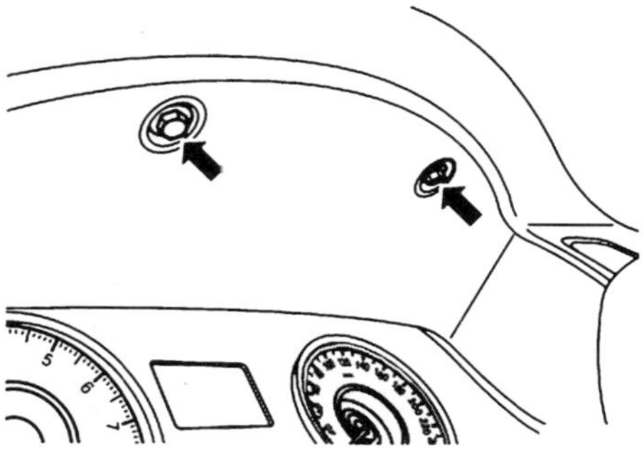
2	拆卸仪表系统<u>固定螺栓</u>，移出组合仪表	
3	断开仪表板线束插头，取下<u>仪表</u>，至此，组合仪表拆卸完毕	

2. 仪表系统的检查

使用上海大众汽车 VAS6150B 专用诊断仪进行仪表系统的检查，该诊断仪的功能如下：读取并清除故障码、执行元件测试、进行基本调整、读取数据流、读取单独通道数据、进行控制单元编码、进行自适应匹配、引导系统等。使用 VAS6150B 专用诊断仪的引导型功能驱动仪表系统动作，检查仪表系统是否存在工作不正常的情况，使用 VAS6150B 专用诊断仪驱动仪表系统时，如果<u>仪表指针不动作</u>，或者<u>仪表指针不能回位</u>，或者<u>仪表指示灯不能点亮</u>，说明该仪表有故障，应更换。

（1）将 VAS6150B 专用诊断仪连接到汽车上，将点火开关置于“<u>ON</u>”挡，启动 VAS6150B 专用诊断仪，在启动界面中选择“启动诊断”功能，如图 5-2-8 所示。

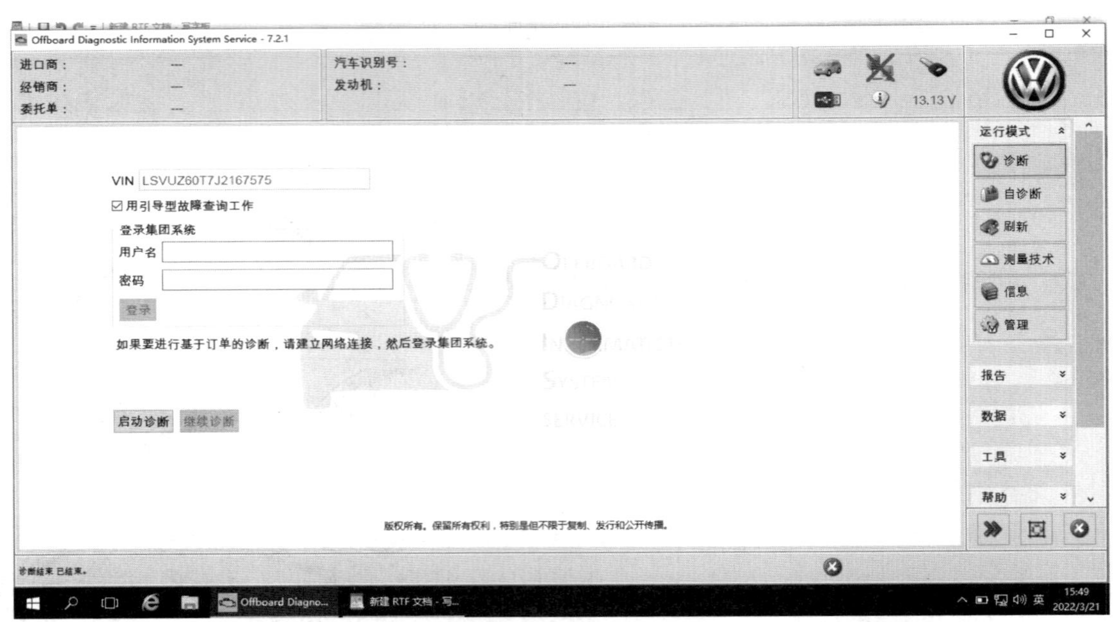

图 5-2-8　启动诊断

（2）启动之后在网络布局图中找到仪表控制单元 J285，如图 5-2-9 所示。

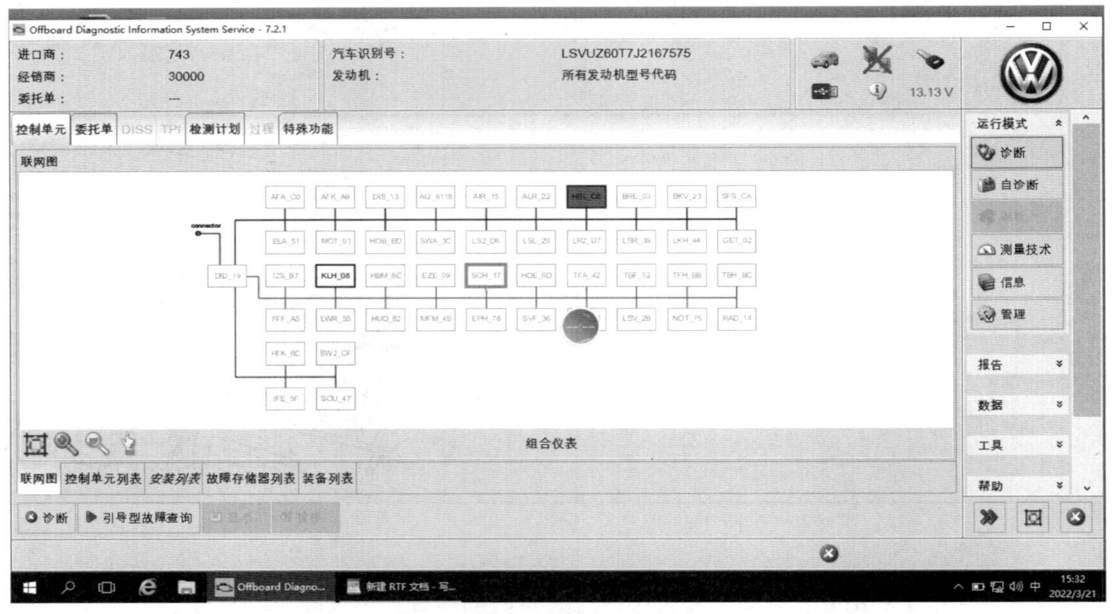

图 5-2-9　仪表控制单元 J285

（3）用鼠标右键单击仪表控制单元 J285，在弹出的菜单中选择“引导型功能”，如图 5-2-10 所示。

（4）在“引导型功能”对话框中选择“0017- 执行元件诊断”，如图 5-2-11 所示。

（5）对组合仪表中的控制单元 J285 进行作动器诊断，如图 5-2-12 所示。

（6）使用 VAS6150B 专用诊断仪驱动仪表系统，依次驱动模拟仪表、指示灯、声音输出、分级显示、背光等，查看仪表系统的性能是否良好，如图 5-2-13 所示。

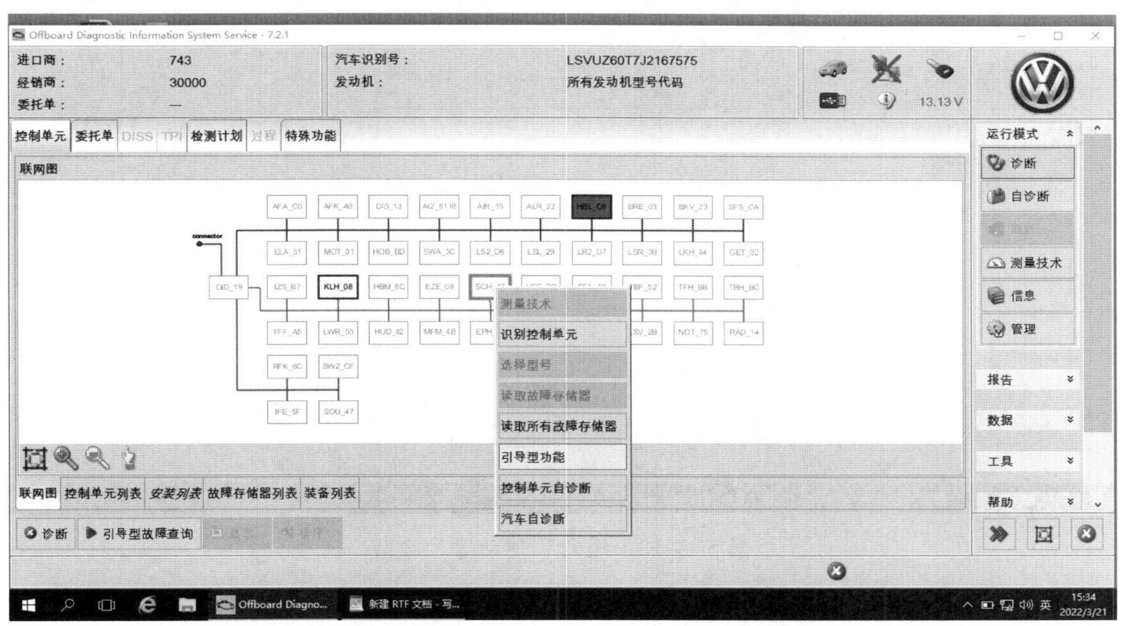

图 5-2-10　选择“引导型功能”

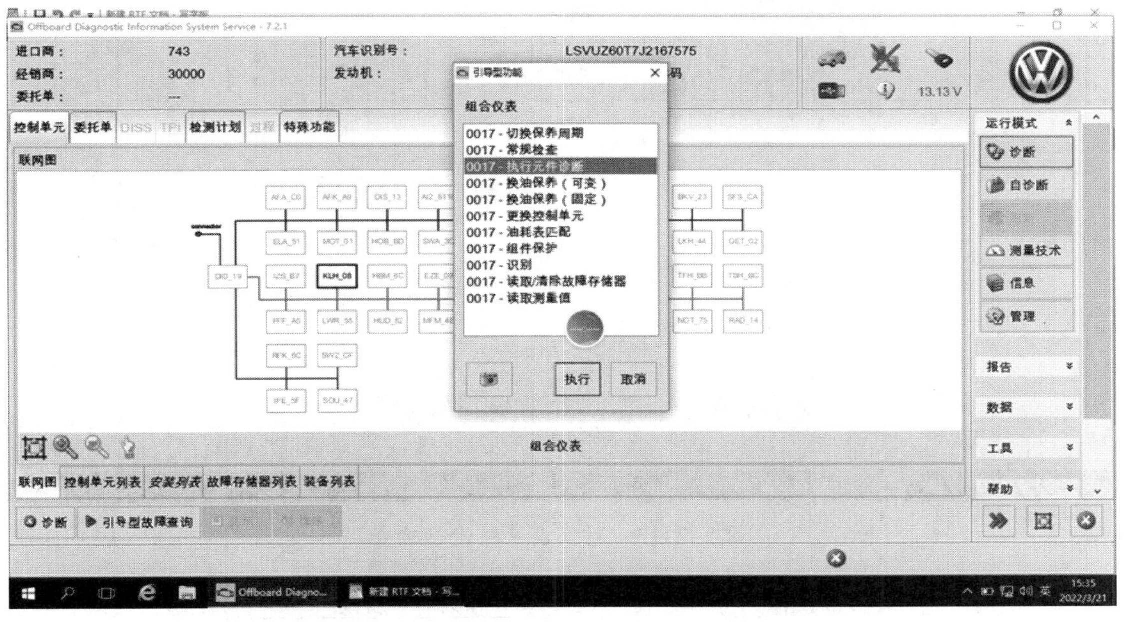

图 5-2-11　选择“0017- 执行元件诊断”

图 5-2-12　进行<u>　作动器　</u>诊断

图 5-2-13　对仪表系统进行检查

（7）观察驱动期间仪表指针是否转动并复位，如果<u>　不能动作或无法复位　</u>，说明该仪表存在故障，需要更换，如图 5-2-14 所示。

（8）用 VAS6150B 专用诊断仪驱动仪表指示灯，观察驱动期间所有的仪表指示灯是否能够亮起，如果<u>　无法点亮　</u>，说明该指示灯存在故障，需要更换，如图 5-2-15 所示。

图 5-2-14　查看仪表系统是否正常

图 5-2-15　查看指示灯是否正常

3．仪表系统的更换注意事项

（1）更换仪表系统时，要断开__点火开关__。

（2）不能分解仪表，组合仪表中所有指示灯都是LED灯，如果损坏不能单独更换，必须更换__仪表__。

（3）拆装仪表时动作要轻，不能敲打仪表。

（4）仪表是卡在__仪表板__内的，需要比较用力才能将其拆下。

五、学习活动评价

学习活动评价见表 5-2-2。

表 5-2-2 学习活动评价表

<table>
<tr><td>班级</td><td></td><td>姓名</td><td></td><td>学号</td><td></td><td>日期</td><td>年　月　日</td></tr>
<tr><td>序号</td><td colspan="5">评价要点</td><td>配分</td><td>得分</td><td>总评</td></tr>
<tr><td>1</td><td colspan="5">能正确识读和填写工作页，明确学习活动要求</td><td>10</td><td></td><td rowspan="9">A □（86 ~ 100 分）
B □（76 ~ 85 分）
C □（60 ~ 75 分）
D □（60 分以下）</td></tr>
<tr><td>2</td><td colspan="5">能查阅资料，写出仪表系统的组成</td><td>10</td><td></td></tr>
<tr><td>3</td><td colspan="5">能查阅资料，写出仪表系统的工作原理</td><td>10</td><td></td></tr>
<tr><td>4</td><td colspan="5">能按规范流程，完成仪表系统的拆卸</td><td>20</td><td></td></tr>
<tr><td>5</td><td colspan="5">能按规范流程，完成仪表系统的检查与更换</td><td>20</td><td></td></tr>
<tr><td>6</td><td colspan="5">能遵守劳动纪律，以积极的态度接受工作任务</td><td>10</td><td></td></tr>
<tr><td>7</td><td colspan="5">能积极参与小组讨论，发挥团队合作精神</td><td>10</td><td></td></tr>
<tr><td>8</td><td colspan="5">能及时完成教师布置的任务</td><td>10</td><td></td></tr>
<tr><td colspan="6">总　分</td><td>100</td><td></td></tr>
<tr><td>小结
建议</td><td colspan="8"></td></tr>
</table>

学习活动 3　仪表系统控制电路简单故障检修

学习目标

1. 能描述仪表系统控制电路的作用和组成。
2. 能进行仪表系统控制电路的识读。
3. 能分析并确定仪表系统控制电路的简单故障和原因。
4. 能进行仪表系统控制电路简单故障检修。

建议学时：4 学时。

学习过程

一、仪表系统控制电路的作用和组成

汽车仪表系统通过数据总线与<u>采集信号的控制模块</u>相连接，各种信号经微处理器运算并处理后，通过仪表进行显示；有些指示灯由<u>仪表控制模块</u>控制，这样在线路出现问题时，会点亮故障报警信号，指示故障，向驾驶员警示。

仪表系统控制电路由<u>仪表控制模块</u>、发动机控制模块、车身控制模块以及各种传感器组成，从各个模块获取传感器的信息并进行显示。

二、仪表系统控制电路的识读

通过图 5–3–1 至图 5–3–3 所示的仪表系统控制电路图，可以分析得出以下结论：

1．燃油泵和燃油液位传感器总成将燃油存量的多少转变成电压信号，输送给<u>发动机控制模块 K20</u>，发动机控制模块 K20 与组合仪表<u>P16</u>之间进行数据通信，将燃油存量显示在燃油表中。组合仪表的 IGN 线是端子“<u>8</u>”，电源线是端子“<u>7</u>”，搭铁线是端子“<u>19</u>”。燃油泵和燃油液位传感器总成的端子“<u>3</u>”与发动机控制模块 K20 的 X3 端子“20”相连，是燃油泵和燃油液位传感器总成的搭铁线路。燃油泵和燃油液位传感器总成的端子“<u>4</u>”与发动机控制模块 K20 的 X3 端子“43”相连，是燃油泵和燃油液位传感器总成的控制线路。

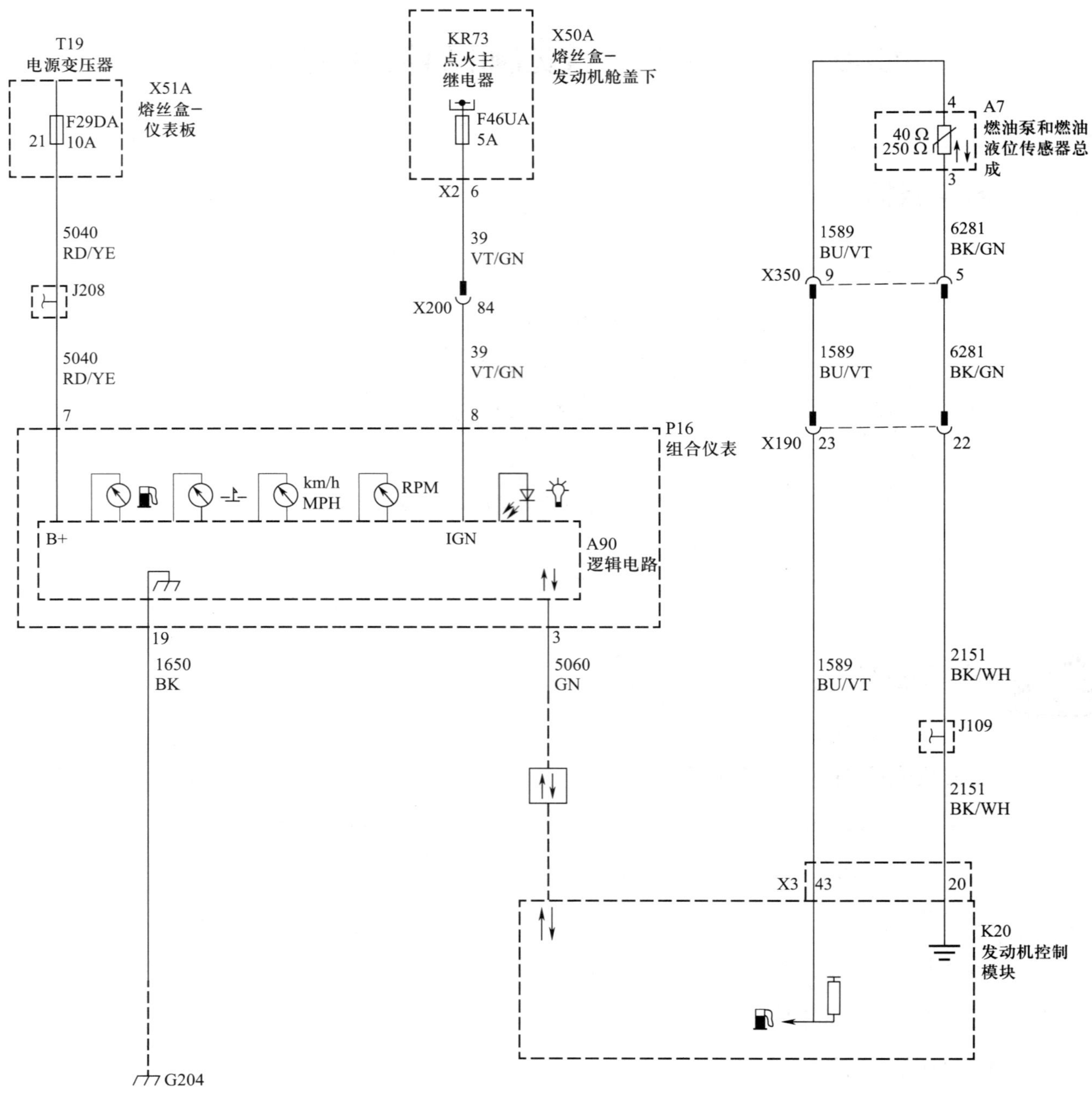

图 5-3-1　电源、搭铁、串行数据和仪表控制电路

2．发动机机油压力传感器 B37B 将机油压力信号转变成电压信号传送给＿发动机控制模块 K20＿，＿K20＿分析并判断后通过数据总线将信号传送给组合仪表 P16，通过＿组合仪表＿报警。发动机机油压力传感器的端子“＿3＿”与发动机控制模块 K20 的 X2 端子“＿14＿”相连，是发动机机油压力传感器的电源线。发动机机油压力传感器的端子“＿2＿”与发动机控制模块 K20 的 X2 端子“＿30＿”相连，是发动机机油压力传感器的搭铁线。发动机机油压力传感器的端子“＿1＿”与发动机控制模块 K20 的 X2 端子“＿29＿”相连，是发动机机油压力传感器的信号线。

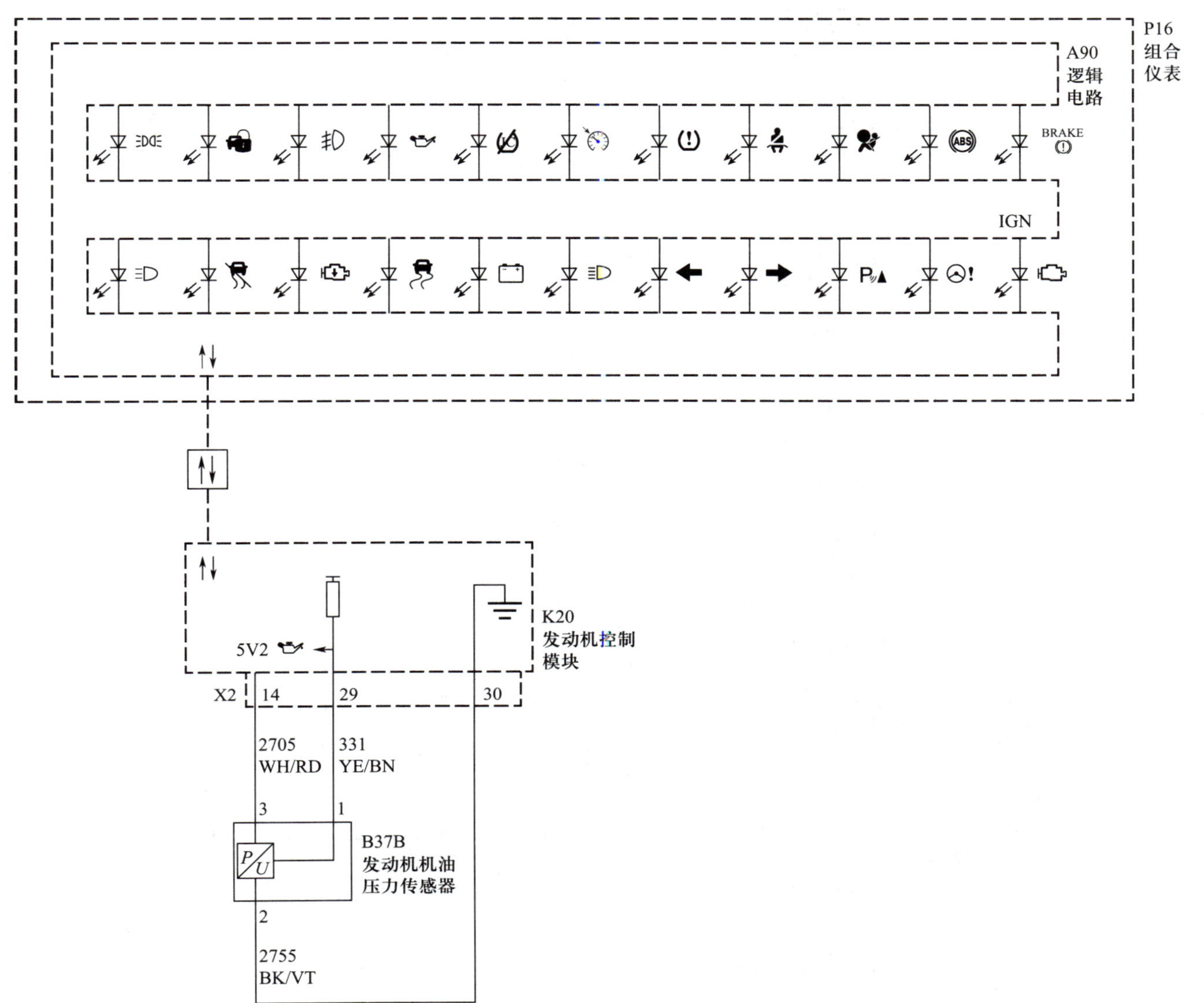

图 5-3-2　指示灯和发动机机油压力控制装置电路

3．<u>环境空气温度传感器</u>将环境空气温度转变成电压信号输送到发动机控制模块 K20，发动机控制模块 K20 与组合仪表 P16 之间进行数据通信，将环境空气温度显示在组合仪表中。环境空气温度传感器的端子“<u>1</u>”与发动机控制模块 K20 的 X1 端子“47”相连，是环境空气温度传感器的控制线路；环境空气温度传感器的端子“<u>2</u>”与发动机控制模块 K20 的 X3 端子“<u>20</u>”相连，是环境空气温度传感器的搭铁线路。转向盘控制装置开关 S70R 将转向盘右侧的开关信号输出，经过 X2 端子“21”、X1 端子“9”送到组合仪表 P16 的端子“<u>20</u>”，通过驾驶员信息中心显示屏进行相关信息的显示。

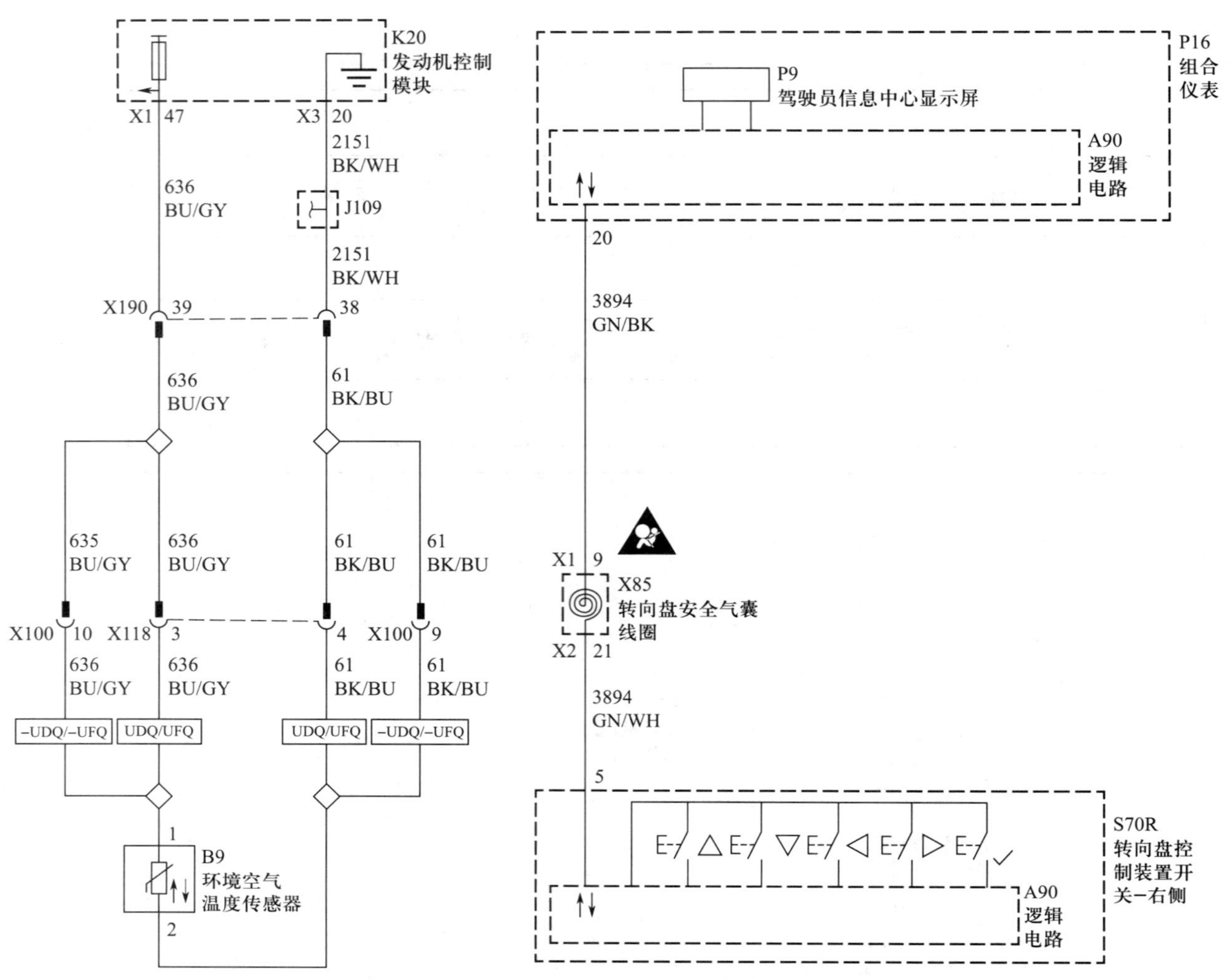

图 5–3–3　环境空气温度和驾驶员信息控制电路

三、仪表系统控制电路的常见故障

1．分析故障原因

查阅资料，在表 5–3–1 中写出仪表系统控制电路的故障现象及可能的故障原因。

表 5–3–1　　仪表系统控制电路故障原因分析

故障现象	可能的故障原因
燃油表指示不准确	燃油泵和燃油液位传感器故障
	控制电路故障
	模块故障
发动机机油压力显示故障	机油压力传感器故障
	控制线路故障
	模块故障

2．制定检修方案

（1）根据具体工作内容，明确小组成员分工，填写在表 5–3–2 中。

表 5–3–2　小组成员分工

姓名	分工
	（根据实际情况填写）

（2）根据要求列出检修所需主要工具及材料清单，填写在表 5–3–3 中。

表 5–3–3　检修所需主要工具及材料清单

序号	工具及材料名称	单位	数量	备注
	（根据实际情况填写）			

（3）根据小组分工情况及客户要求，制定具体的检修工序，填写在表 5–3–4 中。

表 5–3–4　检修工序安排

序号	检修工序内容	备注
	（根据实际情况填写）	

四、仪表系统控制电路简单故障检修

1．燃油表指示不准确故障检修

发生燃油表指示不准确故障时，应考虑从燃油泵和燃油液位传感器总成及搭铁电路进行检查，排除故障。

（1）测量燃油泵和燃油液位传感器总成及搭铁电路

测量燃油泵和燃油液位传感器总成端子“3”与搭铁之间的电阻应为__0__Ω。如果测得的电阻等于或大于10 Ω，将点火开关置于“OFF”挡，断开发动机控制模块K20处的线束连接器X3，测试发动机控制模块K20的X3端子“20”与燃油泵和燃油液位传感器总成的端子“3”之间的电阻是否小于2 Ω。如果测得的电阻大于或等于2 Ω，说明该搭铁电路中存在__断路__故障，应更换端子“3”所在线路。

（2）测量燃油泵和燃油液位传感器总成控制电路

将点火开关置于“OFF”挡，断开发动机控制模块K20处的线束连接器X3，如图5-3-4所示。

图5-3-4　断开发动机控制模块K20处的线束连接器X3

用万用表测量燃油泵和燃油液位传感器总成端子“4”与搭铁之间的电阻应为__无穷大__。如果测得的电阻不为无穷大，说明电路中存在__短路__故障。将点火开关置于“ON”挡，测量K20线束连接器的X3端子“43”与搭铁之间的电压是否小于1 V。如果测得的电压等于或大于1 V，如图5-3-5所示，说明端子“43”到燃油泵和燃油液位传感器总成端子“4”的控制电路中存在__短路__故障，需更换。

如果测得的电压小于1 V，将点火开关置于“OFF”挡，测量K20线束连接器X3端子“43”与燃油泵和燃油液位传感器总成端子“4”之间的电阻是否小于2 Ω。如果测得的电阻大于或等于2 Ω，说明端子“43”所在控制电路中存在__断路__故障，应更换。如果测得的电阻小于2 Ω，说明故障在发动机控制模块，则应更换发动机控制模块K20。

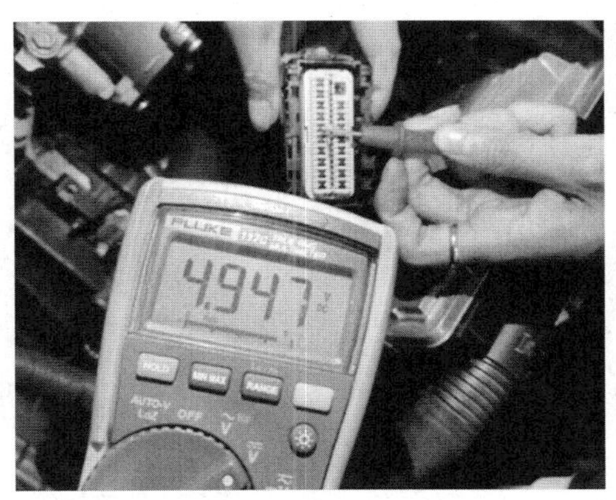

图 5-3-5　测量 K20 线束连接器 X3 的端子“43”与搭铁之间的电压

（3）测试燃油泵和燃油液位传感器总成部件

将点火开关置于“OFF”挡，拆下燃油泵和燃油液位传感器总成，在燃油泵和燃油液位传感器总成所处范围内测量端子“4”与低电平参考电压端子“3”之间的电阻值应为<u>（根据实际情况填写）</u>Ω。查看测量最小电阻是否为 37 ~ 43 Ω，最大电阻是否为 245 ~ 255 Ω，且电阻没有突然增大或减小的情况。如果最小电阻不为 37 ~ 43 Ω，最大电阻不为 245 ~ 255 Ω，或有电阻突然增大或减小的情况，说明<u>传感器总成</u>异常，应更换该传感器总成。

2．发动机机油压力显示故障检修

发生发动机机油压力显示故障时，应考虑从发动机机油压力传感器及控制电路进行检查，排除故障。

（1）测量发动机机油压力传感器搭铁电路

测量发动机机油压力传感器搭铁电路端子“2”（见图 5-3-6）与搭铁之间的电阻应为<u>0</u>Ω。

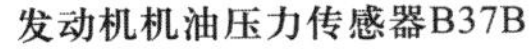
发动机机油压力传感器B37B

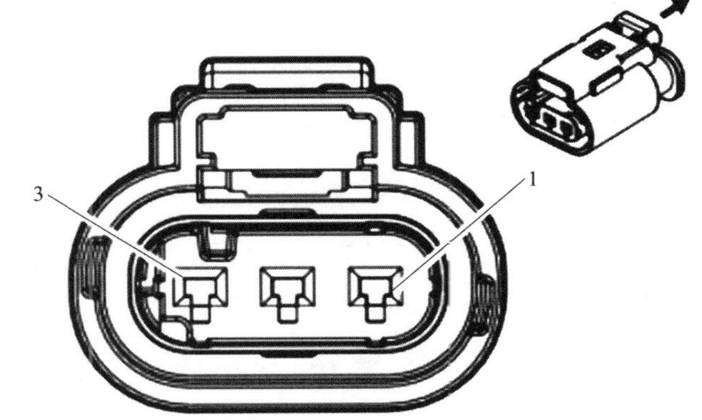

图 5-3-6　发动机机油压力传感器

如果测得的电阻等于或大于 10 Ω，将点火开关置于“OFF”挡，断开发动机控制模块 K20 的线束连接器 X2，如图 5-3-7 所示，测量该传感器的端子“2”与发动机控制模块 K20 的线束连接器 X2 的端子“30”之间的电阻应为<u>0</u>Ω。如果测得的电阻大于或等于 2 Ω，说明端子“2”所在电路存在<u>断路</u>故障，应更换端子“2”所在电路。

图 5-3-7　断开发动机控制模块 K20 的线束连接器 X2

（2）测量发动机机油压力传感器电源电路

将点火开关置于“ON”挡，测得发动机机油压力传感器端子“3”（参考电压为 5 V）与搭铁之间的电压应为__5__V。

如果测得的电压小于 4.8 V，将点火开关置于“OFF”挡，断开发动机控制模块 K20 的线束连接器 X2，测得 K20 的端子“14”与搭铁之间的电阻应为__无穷大__。如果测得的电阻不为无穷大，说明端子“14”所在电路中存在__短路__故障，应检修端子“14”到端子“3”之间的电路。如果测得的电阻为无穷大，则继续测量端子“14”到端子“3”之间电路的端对端电阻应为__0__Ω。如果测得的电阻大于或等于 2 Ω，说明端子“14”到端子“3”之间的电路中存在__断路__故障，应检修端子“14”到端子“3”所在电路。如果测得的电阻小于 2 Ω，说明发动机控制模块 K20 故障，应更换。

如果测得发动机机油压力传感器端子“3”的电压大于 5.2 V，将点火开关置于“OFF”挡，断开发动机控制模块 K20 处的线束连接器 X2，再将点火开关置于“ON”挡，测得端子“14”所在电路与搭铁之间的电压应为__0__V。如果测得的电压等于或大于 1 V，说明端子“14”所在电路中存在__短路__故障，应更换端子“14”所在电路。如果测得的电压小于 1 V，说明故障在发动机控制模块 K20，则应更换发动机控制模块 K20。

（3）测量发动机机油压力传感器信号电路

将点火开关置于“OFF”挡，断开发动机控制模块 K20 的线束连接器 X2，再将点火开关置于“ON”挡，测得信号电路端子“1”与搭铁之间的电压应为__0__V。如果测得的电压等于或大于 1 V，说明信号电路存在__短路__故障，应检修信号电路。如果测得的电压小于 1 V，说明发动机控制模块 K20 有故障，应更换发动机控制模块 K20。

将点火开关置于“OFF”挡，断开发动机控制模块 K20 的线束连接器 X2，测得信号电路端子“1”与搭铁之间的电阻应为__无穷大__。如果测得的电阻不为无穷大，说明电路中存在__短路__故障，应检修信号电路。如果测得的电阻为无穷大，则测量信号电路的端对端电阻应为__0__Ω。如果测得的电阻大于或等于

2 Ω，说明电路中存在<u>断路</u>故障，应检修信号电路。如果测得的电阻小于 2 Ω，说明发动机控制模块 K20 有故障，应更换发动机控制模块 K20。

（4）测试发动机机油压力传感器

测试发动机机油压力传感器 B37B，若 B37B 故障，应更换，如图 5-3-8 所示。

图 5-3-8　测试发动机机油压力传感器 B37B

五、学习活动评价

学习活动评价见表 5-3-5。

表 5-3-5　学习活动评价表

班级		姓名		学号		日期	年　月　日
序号	评价要点				配分	得分	总评
1	能正确识读和填写工作页，明确学习活动要求				10		A □（86 ~ 100 分） B □（76 ~ 85 分） C □（60 ~ 75 分） D □（60 分以下）
2	能查阅资料，写出仪表系统控制电路的作用				10		
3	能查阅资料，写出仪表系统控制电路的组成和工作原理				10		
4	能查阅资料，写出仪表系统控制电路常见故障的原因				10		
5	能按规范流程，完成仪表系统控制电路简单故障检修				30		
6	能遵守劳动纪律，以积极的态度接受工作任务				10		
7	能积极参与小组讨论，发挥团队合作精神				10		
8	能及时完成教师布置的任务				10		
总　分					100		
小结建议							

学习活动 4　工作总结与评价

1. 能以小组形式，对学习过程和成果进行总结。
2. 能完成对学习过程的综合评价。

建议学时：2 学时。

学习过程

一、工作总结

在世界技能大赛中，选手应具有一定的组织规划、沟通、创新等能力，这在实际的生产工作中是十分必要的。以小组为单位，选择演示文稿、展板、海报、视频等形式中的一种或几种，向全班展示、汇报学习成果。

二、综合评价

针对本任务的学习情况，根据表 5-4-1 所列综合评价标准进行评分。

表 5-4-1　　综合评价标准

评价项目	评价内容及标准	配分	评分		
			自我评价	小组评价	教师评价
工作组织和管理	团队合作，合理计划，高效管理时间	3			
	定期检查工作进展和效果	3			
	保证高质量完成工作	4			
沟通能力	深度咨询客户，完全理解其要求	10			
	提供明确说明，准确回答客户的疑问	10			
计划创新能力	及时处理工作中遇到的问题	10			
	提出创新性、可行性建议，提高客户满意度	10			

续表

评价项目	评价内容及标准	配分	评分		
			自我评价	小组评价	教师评价
专业知识	具备汽车仪表系统的组成、功能和原理等知识	5			
	具备汽车仪表系统故障检修知识	10			
实践能力	具备汽车仪表系统的检查与更换技能	10			
	具备汽车仪表系统控制电路识读技能	15			
	具备汽车仪表系统控制电路故障检修技能	10			
学生姓名		综合评价得分			
指导教师		日期			

三、学习任务五整体评价

学习任务五整体评价见表 5-4-2。

表 5-4-2　　学习任务五整体评价表

项目	自我评价			小组评价			教师评价		
	10～9分	8～6分	5～1分	10～9分	8～6分	5～1分	10～9分	8～6分	5～1分
	占总评 10%			占总评 30%			占总评 60%		
学习活动 1									
学习活动 2									
学习活动 3									
学习活动 4									
组织能力									
协作精神									
纪律观念									
表达与分析能力									
工作态度									
任务总体表现									
小计分									
总评分									

世赛知识

车身电气在世赛汽车技术项目中的应用

汽车技术项目是世界技能大赛中参赛国家最多的项目之一，也是竞争较激烈的项目之一。本项目考核汽车维修企业汽车维修技师岗位的职业能力。

汽车维修技师的主要工作为检测、诊断、维护、修理及更换零部件。在汽车维修企业里，汽车维修技师的工作要求是快速、准确地诊断故障并完成维修工作。汽车维修技师应掌握汽车机械、电气、电子、控制以及各系统集成的知识，具有对各种车型熟练操作的技能，并具备良好的体能。汽车技术项目竞赛将全面展现年轻汽车维修技师的职业技能和职业素养，引领汽车维修职业教育和汽车维修行业的发展。

第 46 届世界技能大赛汽车技术项目参照世界技能大赛的技术要求，考核 9 个模块，包括 A 发动机管理，B 发动机诊断，C 车身电气，D 电气构建，E 制动系统，F 定位、转向与悬架，G 发动机测试，H 发动机测量以及 I 新能源汽车。考核模块、考试时间及配分比例详见表 5–4–3。比赛在三天内完成，比赛时间总计 12 小时。

表 5–4–3　　汽车技术项目考核模块、考试时间及配分比例

第 46 届世界技能大赛汽车技术项目			第 45 届世界技能大赛汽车技术项目		
考核模块	考试时间	配分比例	考核模块	考试时间	配分比例
A 发动机管理	1.5 小时	15%	A 发动机管理	2 小时	15%
B 发动机诊断	1.5 小时	15%	B 发动机诊断	2 小时	15%
C 车身电气	1.5 小时	15%	C 车身电气	2 小时	15%
D 电气构建	1.5 小时	12%	D 电气构建	2 小时	15%
E 制动系统	1 小时	10%	E 制动系统	2 小时	10%
F 定位、转向与悬架	1.5 小时	10%	F 定位、转向与悬架	1.5 小时	7%
G 发动机测试	1.5 小时	10%	G 发动机测试	2 小时	10%
H 发动机测量	1.5 小时	10%	H 发动机测量	2 小时	10%
I 新能源汽车	0.5 小时	3%	I 新能源汽车	0.5 小时	3%
合计	12 小时	100%	合计	16 小时	100%

汽车车身电气是汽车技术项目中的 C 模块，参赛选手需要应用车身电气系统原理知识完成系统性能检查、故障诊断等工作。下面为第 45 届世界技能大赛汽车技术项目中国集训队训练样题。

模块 C：车身电气

使用设备：广汽丰田凯美瑞 2020 款 2.0E 领先版。

竞赛时间：2 小时。

作业说明：

1．完成专业英语翻译。

2．根据报告单检查、诊断并维修各电气系统。

3．检修顺序可自由切换，开始检修每个系统前需告知裁判。

4．选手发现故障后应向裁判展示及在电路图上指出故障位置，并在报告单上记录。

5．只有展示故障、记录故障都正确，选手才能根据裁判的指示修复故障。作业内容和报告单见表 5-4-4。

表 5-4-4　作业内容和报告单

序号	项目	评分点	说明	配分	得分
1	工作组织和安全（6 分）	检查准备	准备工具，检查并查看电路图	1	
		车辆防护	车内四件套、车外三件套、驻车制动、车轮挡块	1	
		插好废气抽排管	应在发动机第一次起动前插好	1	
		检查发动机机油和冷却液	起动发动机前进行检查	1	
		测量蓄电池电压	发现异常应及时汇报	2	
2	供电及充电（18 分）	故障 1：展示故障		3	
		指出故障在电路图中的位置并记录		2	
		修复故障，验证功能		1	
		故障 2：展示故障		3	
		指出故障在电路图中的位置并记录		2	
		修复故障，验证功能		1	
		故障 3：展示故障		3	
		指出故障在电路图中的位置并记录		2	
		修复故障，验证功能		1	
3	外部灯光和内部灯光（18 分）	故障 4：展示故障		3	
		指出故障在电路图中的位置并记录		2	
		修复故障，验证功能		1	
		故障 5：展示故障		3	
		指出故障在电路图中的位置并记录		2	
		修复故障，验证功能		1	
		故障 6：展示故障		3	
		指出故障在电路图中的位置并记录		2	
		修复故障，验证功能		1	

续表

序号	项目	评分点	说明	配分	得分
4	电动车窗、中控门锁、后视镜（24分）	故障 7：展示故障		3	
		指出故障在电路图中的位置并记录		2	
		修复故障，验证功能		1	
		故障 8：展示故障		3	
		指出故障在电路图中的位置并记录		2	
		修复故障，验证功能		1	
		故障 9：展示故障		3	
		指出故障在电路图中的位置并记录		2	
		修复故障，验证功能		1	
		故障 10：展示故障		3	
		指出故障在电路图中的位置并记录		2	
		修复故障，验证功能		1	
5	信号、喇叭、刮水器（18分）	故障 11：展示故障		3	
		指出故障在电路图中的位置并记录		2	
		修复故障，验证功能		1	
		故障 12：展示故障		3	
		指出故障在电路图中的位置并记录		2	
		修复故障，验证功能		1	
		故障 13：展示故障		3	
		指出故障在电路图中的位置并记录		2	
		修复故障，验证功能		1	
6	空调系统（6分）	故障 14：展示故障		3	
		指出故障在电路图中的位置并记录		2	
		修复故障，验证功能		1	
7	任务完成（5分）	拆装件安装到位		1	
		无车辆、零件损坏，身体无受伤		2	
		所有工具清洁并复位		2	
8	英语翻译（5分）	完成专业英语翻译	在比赛前 5 分钟完成英语试卷	5	
合计				100	

附　　录

附录1　汽车充电指示灯亮故障检修学习任务设计方案

<table>
<tr><td>专业名称</td><td>汽车维修</td><td>一体化课程名称</td><td>汽车电气简单故障检修</td></tr>
<tr><td>学习任务</td><td>汽车充电指示灯亮故障检修</td><td>学时</td><td>16</td></tr>
<tr><td>工作情境描述</td><td colspan="3">在汽车行驶过程中，客户发现汽车仪表板上一个类似蓄电池外形图案的红色指示灯突然点亮，在按了几次仪表板上的按钮后，该指示灯仍然点亮而无法熄灭，于是该客户将汽车开往维修站维修。经班组长检查，初步判断是汽车电源系统故障引起充电指示灯点亮</td></tr>
<tr><td>学习任务描述</td><td colspan="3">汽车修理工接受汽车维修任务，阅读维修工单，明确任务要求，确认故障现象。通过查阅维修手册，确定作业流程与技术标准，制定故障检修方案；在规定工期内完成汽车电源系统零部件拆装与检修作业，自检合格后，填写维修工单，交付班组长进行质量检验
在作业过程中，汽车修理工应严格遵守汽车生产厂家制定的操作规程，遵守企业内部检验规范、安全生产制度、环保管理制度以及“6S”管理规定</td></tr>
<tr><td>与其他学习任务的关系</td><td colspan="3">该任务是汽车发动机简单故障检修、汽车底盘简单故障检修课程学习的延续，是汽车电气简单故障检修（一）和汽车电气简单故障检修（二）课程各任务学习的基础，为后续汽车故障诊断课程的学习奠定基础</td></tr>
<tr><td>学生基础</td><td colspan="3">1. 身心健康，具备一定的职业素养和工作习惯
2. 具备一定独立拆装汽车总成部件的能力
3. 具备识读维修手册及汽车电路图的能力
4. 具备基本的写作能力、运用网络查阅资料及语言表达沟通能力</td></tr>
<tr><td>学习目标</td><td colspan="3">1. 能掌握汽车电路基础知识
2. 能描述电源系统的组成和安装位置
3. 能进行电源系统的基本检查
4. 能描述蓄电池的作用和组成
5. 能描述蓄电池的类型和工作原理
6. 能进行蓄电池的检查、充电和更换
7. 能描述发电机的作用</td></tr>
</table>

续表

学习目标	8．能描述发电机的组成和工作原理 9．能描述发电机的类型 10．能进行发电机的检查和更换 11．能描述汽车充电电路的作用 12．能描述汽车充电电路的组成，并进行汽车充电电路的识读 13．能分析并确定汽车充电电路的简单故障和原因 14．能进行汽车充电电路简单故障检修 15．能对维修场地设备进行日常维护保养，按“6S”管理规定要求清理现场 16．能对相关资料、互联网资源进行检索，完成检修工单和工作页的填写 17．能展示工作成果，进行任务评价，总结工作经验，优化检修方案 18．能在作业过程中严格执行企业操作规范、安全生产制度、环保管理制度，严格遵守从业人员的职业道德，具有吃苦耐劳、爱岗敬业的工作态度和职业责任感
学习内容	1．实习车间管理规章制度 2．汽车电气检修安全操作规程 3．维修工单填写方法 4．专业学习内容 （1）汽车电路基础知识 （2）电源系统的组成和安装位置 （3）电源系统的基本检查方法 （4）蓄电池及发电机的作用、组成、工作原理 （5）蓄电池及发电机的检查与更换方法 （6）汽车充电电路的识读方法 （7）汽车充电电路简单故障检修的方法 5．现场管理、环保知识及“6S”管理知识 6．学生团队协作分工、方案展示与交流技巧
教学资源	环境类资源：一体化学习工作站，包括学习区、实训区、成果展示区、资料查询区，学习区与实训区可容纳 30 人 设备工具类资源：别克威朗汽车 6 辆、蓄电池检测仪 6 套、充电机 2 台、电气检修通用工量具（试灯、万用表等）6 套、汽车电气维修专用工具（剥线钳、电烙铁、线束修复工具）6 套 耗材资源：电工胶布、焊锡、防护用品、修理包和零配件等若干 文本类资源：安全操作规程 1 套、别克威朗汽车电路图 6 套、别克威朗汽车维修手册 6 套、维修工单 6 套、学生工作页每人 1 本 数字化资源：计算机 6 台、多媒体 1 套、数字化资源库 1 套

续表

教学组织形式	以独立或小组合作的方式进行： 1．教师通过讲解和情境模拟的方式，引导学生观察故障现象，识读学习任务单，明确学习任务 2．教师组织学生收集、分析整理有效信息，独立完成学生工作页 3．教师组织学生以小组合作的方式制定汽车充电电路故障检修方案 4．教师组织学生展示交流、优化各组制定的方案 5．教师组织学生按照确认的方案实施作业 6．教师组织学生通过学生自评、小组互评、教师点评的方式对个人和小组的课堂表现做出评价
教学流程与活动	1．电源系统的认知（2 学时） 2．蓄电池的检查与更换（2 学时） 3．发电机的检查与更换（6 学时） 4．汽车充电电路简单故障检修（4 学时） 5．工作总结与评价（2 学时）
评价内容与标准	1．团队合作，合理计划，高效管理时间 2．定期检查工作进展和效果 3．保证高质量完成工作 4．深度咨询客户，完全理解其要求 5．提供明确说明，准确回答客户的疑问 6．及时处理工作中遇到的问题 7．提出创新性、可行性建议，提高客户满意度 8．具备汽车充电电路各部件的组成、功能、原理等知识 9．具备汽车充电电路故障检修知识 10．具备汽车充电电路检修技能 11．具备蓄电池、发电机的拆装与检修技能 12．具备汽车充电电路识读技能 13．具备汽车充电电路简单故障检修技能

附录 2　汽车充电指示灯亮故障检修教学活动策划表

教学活动	关键能力	学生学习活动	教师活动	学习内容	学习资源	评价点	学时	地点
学习活动1：电源系统的认知	安全操作能力、团队合作与分工能力、专业能力	1. 模拟企业晨会组织教学：各小组清点人数、进行基本检查、进行上次任务总结、将学生分组以及组织学生晨读 2. 各小组领取学习任务书，接受任务 3. 各小组做好准备，包括人员分工、资源准备和安全检查 4. 在工作页的引导下各小组讨论学习任务和学习要求，分工并实施任务 5. 各小组总结评价本学习活动完成情况，点评每位成员的亮点与不足，填写学习活动评价表	1. 安全教育 2. 创设情境：在汽车上设置充电指示灯常亮的故障 3. 给各组下发学习任务书，解读学习任务和学习要求 4. 指导学生按要求实施任务，执行“6S”管理规范 5. 检查各小组对学习任务及学习要求的理解 6. 总结评价本学习活动情况 （1）学生在本学习过程中参与情况 （2）“6S”规范执行情况	1. 企业、车间生产和管理规章制度 2. 汽车电气安全操作规程 3. 专业知识与技能 （1）电路基础知识 （2）电源系统的组成及安装位置 （3）电源系统的基本检查	1. 企业、车间生产和管理规章制度 2. 汽车电气安全操作规程 3. 互联网 4. 教学视频、多媒体课件 5. 教材、工作页、学习任务书 6. 整车、维修手册 7. 专用工具、通用工量具	1. 能正确识读和填写工作页，明确学习活动要求 2. 能查阅资料，描述汽车电路基础知识和电源系统的组成、安装位置 3. 能按规范流程，完成电源系统的基本检查 4. 能遵守劳动纪律，以积极的态度接受工作任务 5. 能积极参与小组讨论，发挥团队合作精神，及时完成教师布置的任务	2	配有实训车辆的一体化学习工作站

续表

教学活动	关键能力	学生学习活动	教师活动	学习内容	学习资源	评价点	学时	地点
学习活动2：蓄电池的检查与更换	资料查询能力、信息处理能力、动手实践能力	1. 各小组做好资源准备，并进行人员分工和安全检查 2. 每组学生在工作页引导下查阅汽车维修手册、教材与课件等资源，学习蓄电池的作用、组成、类型、工作原理及蓄电池的检查、充电和更换的方法，填写工作页 3. 各小组按照工作页流程以及教师讲解实施蓄电池的检查与更换操作 4. 分析并整理有价值的资料，独立完成学生工作页 5. 总结本组学习活动中的问题，填写学习活动评价表	1. 提出收集资料阶段的基本要求 2. 组织学生学习蓄电池检修课件及观看蓄电池拆装视频，并重点讲解蓄电池拆装注意事项 3. 巡回指导，做好操作示范、技术纠错、进度与质量控制、学生表现记录等，指导学生执行“6S”管理规范 4. 总结点评本学习活动情况 （1）学生工作页的完成情况 （2）课堂参与度 （3）操作中的问题	1. 资料查阅方法 2. 信息处理方法 3. 专业知识与技能 （1）蓄电池的作用和组成 （2）蓄电池的类型和工作原理 （3）蓄电池的检查、充电和更换	1. 互联网 2. 教学视频 3. 多媒体课件 4. 整车、蓄电池总成、充电机总成、汽车维修手册 5. 教材、学生工作页 6. 专用工具、通用工量具	1. 能正确识读和填写工作页，明确学习活动要求 2. 能查阅资料，写出蓄电池的作用和组成、类型和工作原理 3. 能按规范流程，完成蓄电池的检查、充电与更换 4. 能遵守劳动纪律，以积极的态度接受工作任务 5. 能积极参与小组讨论，发挥团队合作精神，及时完成教师布置的任务	2	配有实训车辆的一体化学习工作站

续表

教学活动	关键能力	学生学习活动	教师活动	学习内容	学习资源	评价点	学时	地点
学习活动3：发电机的检查与更换	资料查询能力、信息处理能力、动手实践能力	1. 各小组做好资源准备，并进行人员分工和安全检查 2. 每组学生在工作页引导下查阅汽车维修手册、教材与课件等资源，学习发电机的作用、组成和工作原理及发电机的检查与更换的方法，填写工作页 3. 各小组按照工作页流程以及教师讲解实施发电机的检查与更换操作 4. 分析并整理有价值的资料，独立完成学生工作页 5. 总结本组学习活动中的问题，填写学习活动评价表	1. 提出收集资料阶段的基本要求 2. 组织学生学习发电机检修课件及观看发电机拆装视频，并重点讲解发电机拆装注意事项 3. 巡回指导，做好操作示范、技术纠错、进度与质量控制、学生表现记录等，指导学生执行“6S”管理规范 4. 总结点评本学习活动情况 （1）学生工作页的完成情况 （2）课堂参与度 （3）操作中的问题	1. 资料查阅方法 2. 信息处理方法 3. 专业知识与技能 （1）发电机的作用和组成 （2）发电机的工作原理和类型 （3）发电机的检查与更换	1. 互联网 2. 教学视频 3. 多媒体课件 4. 整车、发电机总成、汽车维修手册 5. 教材、学生工作页 6. 专用工具、通用工量具	1. 能正确识读和填写工作页，明确学习活动要求 2. 能查阅资料，写出发电机的作用、组成、工作原理及类型 3. 能按规范流程，完成发电机的检查与更换 4. 能遵守劳动纪律，以积极的态度接受工作任务 5. 能积极参与小组讨论，发挥团队合作精神，及时完成教师布置的任务	6	配有实训车辆的一体化学习工作站

续表

教学活动	关键能力	学生学习活动	教师活动	学习内容	学习资源	评价点	学时	地点
学习活动4：汽车充电电路简单故障检修	知识总结能力、方案设计能力、逻辑思维能力	1. 各小组做好资源准备，并进行人员分工和安全检查 2. 各小组在组长的带领下按要求制定汽车充电电路简单故障检修方案 3. 各小组根据教师意见修改本小组制定的方案并通过审核 4. 各小组根据制定的方案进行汽车充电电路简单故障检修，完成工作页填写 5. 总结本小组学习活动中的问题，填写学习活动评价表	1. 提出制定方案的基本要求 2. 讲解方案编制要领 3. 巡回指导，解决学生在制定方案阶段遇到的问题 4. 根据评价标准，审核各小组制定的方案，提出修改建议 5. 巡回指导，做好操作示范、技术纠错、进度与质量控制、学生表现记录等，指导学生遵守“6S”管理规范 6. 总结评价本阶段学习情况 （1）总结点评各小组学生活动参与情况 （2）点评学生制定方案的亮点与不足	1. 方案的制定方法与步骤 2. 专业知识与技能 （1）汽车充电电路的作用、组成 （2）汽车充电电路的故障原因分析及检修方案的制定 （3）汽车充电电路简单故障的检修	1. 互联网 2. 彩笔、白纸 3. 教学视频、多媒体课件 4. 整车、汽车维修手册 5. 专用工具、通用工量具 6. 教材、学生工作页	1. 能正确识读和填写工作页，明确学习活动要求 2. 能查阅资料，写出汽车充电电路的作用和组成 3. 能查阅资料，进行汽车充电电路的识读，写出汽车充电电路常见故障的原因 4. 能按规范流程，完成汽车充电电路简单故障检修 5. 能遵守劳动纪律，以积极的态度接受工作任务 6. 能积极参与小组讨论，发挥团队合作精神，及时完成教师布置的任务	4	配有实训车辆的一体化学习工作站

续表

教学活动	关键能力	学生学习活动	教师活动	学习内容	学习资源	评价点	学时	地点
学习活动5：工作总结与评价	汇报反思能力、语言表达能力、沟通能力	1. 个人自评：分析总结自己在完成学习任务中的表现，结合所在小组其他成员意见，形成自我评价，填写评价表 2. 小组评价：根据评价表的要求，针对学习过程中的每个环节进行小组互评，填写评价表 3. 各小组总结本学习任务的完成情况，分析每位成员在活动中的亮点与不足，并提出改进建议	1. 总结各小组在任务实施中取得的成绩，特别要点评学生在综合职业能力方面取得的成效 2. 点评工作中存在的不足，分析存在不足的原因并提出改进建议 3. 对任务实施中特殊小组或特别个人点名批评或表扬	1. 现场管理及环保知识 2. 汽车电气维修安全操作规范 3. 工具、设备的使用规范 4. 方案的执行情况 5. 操作项目的完成情况 6. 工作页的完成情况 7. 总结评价的方法 8. 学习任务评价表	1. 整车、汽车维修手册 2. 教材、学生工作页 3. 通用工量具、专用工具 4. 多媒体设备 5. 小组检修方案 6. 展示板、磁力贴 7. 评价表	1. 工作组织和管理 2. 沟通能力 3. 计划创新能力 4. 专业知识：具备汽车充电电路各部件的组成、功能、原理等知识，具备汽车充电电路检修知识 5. 实践能力：具备汽车充电电路检修技能、蓄电池和发电机的拆装与检修技能、汽车充电电路识读技能、汽车充电电路简单故障检修技能	2	配有实训车辆的一体化学习工作站

附录 3　汽车起动机不工作故障检修学习任务设计方案

专业名称	汽车维修	一体化课程名称	汽车电气简单故障检修
学习任务	汽车起动机不工作故障检修	学时	16
工作情境描述	某客户在路边将汽车熄火等待约 1 h（等待期间使用过音响及点烟器）后，想再次起动汽车时发现汽车无法起动，转动汽车钥匙时能听到起动机起动的声音，但声响听起来十分微弱，且起动声音断断续续，其电磁开关有吸动的“嗒嗒”声。经班组长检查，初步判断为起动系统不工作故障		
学习任务描述	汽车修理工接受汽车维修任务，阅读维修工单，明确任务要求，确认故障现象。通过查阅维修手册，确定作业流程与技术标准，制定故障检修方案；在规定工期内完成汽车起动系统零部件拆装与检修作业，自检合格后，填写维修工单，交付班组长进行质量检验 作业过程中，汽车修理工应严格遵守汽车生产厂家制定的操作规程，遵守企业内部检验规范、安全生产制度、环保管理制度以及“6S”管理规定		
与其他学习任务的关系	汽车电气简单故障检修（一）课程中的 5 个学习任务均为并列关系，汽车起动机不工作故障检修学习任务的学习，将为后期汽车综合故障诊断与排除奠定基础		
学生基础	1．身心健康 2．具备独立拆装汽车零部件的能力 3．具备识读汽车电路图的能力 4．具备基本的写作能力和语言表达能力		
学习目标	1．能识别起动系统的组成及各部件的安装位置 2．能描述起动系统的作用和类型 3．能进行起动系统的检查 4．能描述起动机的组成和各部件的功能 5．能描述起动机的类型和工作原理 6．能进行起动机的拆卸、检查和更换 7．能描述起动机控制电路的组成和作用 8．能进行起动机控制电路的识读 9．能分析并确定起动机控制电路的简单故障和原因 10．能进行起动机控制电路简单故障检修 11．能对维修场地设备进行日常维护保养，按“6S”管理规定要求清理现场 12．能对相关资料、互联网资源进行检索，完成检修工单和工作页的填写 13．能展示工作成果，进行任务评价，总结工作经验，优化检修方案 14．能在作业过程中严格执行企业操作规范、安全生产制度、环保管理制度，严格遵守从业人员的职业道德，具有吃苦耐劳、爱岗敬业的工作态度和职业责任感		

续表

学习内容	1．实习车间管理规章制度 2．汽车电气检修安全操作规程 3．维修工单填写方法 4．专业学习内容 （1）起动系统的作用、组成、各部件的安装位置 （2）起动机的检查与更换方法 （3）起动机控制电路识读方法 （4）起动机控制电路简单故障检修的方法 5．现场管理、环保知识及“6S”管理知识 6．学生团队协作分工、方案展示与交流技巧
教学资源	环境类资源：一体化学习工作站，包括学习区、实训区、成果展示区、资料查询区，学习区与实训区可容纳 30 人 设备工具类资源：别克威朗汽车 6 辆、起动机台架 6 部、蓄电池检测仪 6 套、充电机 2 台、通用工量具（试灯、万用表等）6 套、汽车电气维修专用工具（剥线钳、电烙铁、线束修复工具）6 套 耗材资源：电工胶布、焊锡、防护用品、修理包和零配件等若干 文本类资源：安全操作规程 1 套、别克威朗汽车电路图 6 套、别克威朗汽车维修手册 6 套、维修工单 6 套、学生工作页每人 1 本 数字化资源：计算机 6 台、多媒体 1 套、数字化资源库 1 套
教学组织形式	以独立或小组合作的方式进行： 1．教师通过讲解和情境模拟的方式，引导学生观察故障现象，识读学习任务单，明确学习任务 2．教师组织学生收集、分析整理有效信息，独立完成学生工作页 3．教师组织学生以小组合作的方式制定起动机控制电路故障检修方案 4．教师组织学生展示交流、优化各组制定的方案 5．教师组织学生按照确认的方案实施作业 6．教师组织学生通过学生自评、小组互评、教师点评的方式对个人和小组的课堂表现做出评价
教学流程与活动	1．起动系统的认知（2 学时） 2．起动机的检查与更换（6 学时） 3．起动机控制电路简单故障检修（6 学时） 4．工作总结与评价（2 学时）
评价内容与标准	1．团队合作，合理计划，高效管理时间 2．定期检查工作进展和效果 3．保证高质量完成工作 4．深度咨询客户，完全理解其要求 5．提供明确说明，准确回答客户的疑问 6．及时处理工作中遇到的问题 7．提出创新性、可行性建议，提高客户满意度 8．具备起动系统各部件的组成、功能、原理等知识 9．具备起动系统故障检修知识 10．具备起动系统检修技能 11．具备起动机检查与更换技能 12．具备起动机控制电路识读技能 13．具备起动机控制电路简单故障检修技能

附录 4　汽车起动机不工作故障检修教学活动策划表

教学活动	关键能力	学生学习活动	教师活动	学习内容	学习资源	评价点	学时	地点
学习活动 1：起动系统的认知	安全操作能力、团队合作与分工能力、专业能力	1. 模拟企业晨会组织教学：各小组清点人数、进行基本检查、进行上次任务总结、将学生分组以及组织学生晨读 2. 各小组领取学习任务书，接受任务 3. 各小组做好准备，包括人员分工、资源准备和安全检查 4. 在工作页的引导下各小组讨论学习任务和学习要求，分工并实施任务 5. 各小组总结评价本学习活动完成情况，点评每位成员的亮点与不足，填写学习活动评价表	1. 安全教育 2. 创设情境：在汽车上设置起动系统不工作的故障 3. 给各组下发学习任务书，解读学习任务和学习要求 4. 指导学生按要求实施任务，执行“6S”管理规范 5. 检查各小组对学习任务及学习要求的理解 6. 总结评价本学习活动情况 （1）学生在本学习过程中参与情况 （2）“6S”规范执行情况	1. 企业、车间生产和管理规章制度 2. 汽车电气安全操作规程 3. 专业知识与技能 （1）起动系统的组成及各部件的安装位置 （2）起动系统的作用和类型 （3）起动系统的检查	1. 企业、车间生产和管理规章制度 2. 汽车电气安全操作规程 3. 互联网 4. 教学视频、多媒体课件 5. 教材、工作页、学习任务书 6. 整车、起动机台架、汽车维修手册 7. 专用工具、通用工量具	1. 能正确识读和填写工作页，明确学习活动要求 2. 能查阅资料，写出起动系统的组成、各部件的安装位置、起动系统的作用、起动系统的类型 3. 能按规范流程，完成起动系统的检查 4. 能遵守劳动纪律，以积极的态度接受工作任务 5. 能积极参与小组讨论，发挥团队合作精神，及时完成教师布置的任务	2	配有实训车辆的一体化学习工作站

续表

教学活动	关键能力	学生学习活动	教师活动	学习内容	学习资源	评价点	学时	地点
学习活动2：起动机的检查与更换	资料查询能力、信息处理能力、动手实践能力	1. 各小组做好资源准备，并进行人员分工和安全检查 2. 每组学生在工作页引导下查阅汽车维修手册、教材与课件等资源，学习起动机的组成、类型、各部件的功能和工作原理及起动机的检查与更换的方法，填写工作页 3. 各小组按照工作页流程以及教师讲解实施起动机的检查与更换操作 4. 分析并整理有价值的资料，独立完成学生工作页 5. 总结本组学习活动中的问题，填写学习活动评价表	1. 提出收集资料阶段的基本要求 2. 组织学生学习起动机的检修课件及观看起动机拆装视频，并重点讲解起动机拆装注意事项 3. 巡回指导，做好操作示范、技术纠错、进度与质量控制、学生表现记录等，指导学生执行“6S”管理规范 4. 总结点评本学习活动情况 （1）学生工作页的完成情况 （2）课堂参与度 （3）操作中的问题	1. 资料查阅方法 2. 信息处理方法 3. 专业知识与技能 （1）起动机的组成和各部件的功能 （2）起动机的类型和工作原理 （3）起动机的拆卸、检查和更换	1. 互联网 2. 教学视频 3. 多媒体课件 4. 整车、起动机台架、汽车维修手册 5. 教材、学生工作页 6. 专用工具、通用工量具	1. 能正确识读和填写工作页，明确学习活动要求 2. 能查阅资料，写出起动机的组成、各部件的功能、起动机的类型、起动机的工作原理 3. 能按规范流程，完成起动机的拆卸、检查和更换 4. 能遵守劳动纪律，以积极的态度接受工作任务 5. 能积极参与小组讨论，发挥团队合作精神，及时完成教师布置的任务	6	配有实训车辆的一体化学习工作站

续表

教学活动	关键能力	学生学习活动	教师活动	学习内容	学习资源	评价点	学时	地点
学习活动3：起动机控制电路简单故障检修	知识总结能力、方案设计能力、逻辑思维能力	1. 各小组做好资源准备，并进行人员分工和安全检查 2. 各小组在组长的带领下按要求制定起动机控制电路简单故障检修方案 3. 各小组根据教师意见修改本小组制定的方案并通过审核 4. 各小组根据制定的方案进行起动机控制电路简单故障检修，完成工作页填写 5. 总结本小组学习活动中的问题，填写学习活动评价表	1. 提出制定方案的基本要求 2. 讲解方案编制要领 3. 巡回指导，解决学生在制定方案阶段遇到的问题 4. 根据评价标准，审核各小组制定的方案，提出修改建议 5. 巡回指导，做好操作示范、技术纠错、进度与质量控制、学生表现记录等，指导学生遵守“6S”管理规范 6. 总结评价本阶段学习情况 （1）总结点评各小组学生活动参与情况 （2）点评学生制定方案的亮点与不足	1. 方案的制定方法与步骤 2. 专业知识与技能 （1）起动机控制电路的组成和作用 （2）起动机控制电路的识读 （3）起动机控制电路的简单故障和原因 （4）起动机控制电路简单故障检修	1. 互联网 2. 彩笔、白纸 3. 教学视频、多媒体课件 4. 整车、起动机台架、汽车维修手册 5. 专用工具、通用工量具 6. 教材、学生工作页	1. 能正确识读和填写工作页，明确学习活动要求 2. 能查阅资料，写出起动机控制电路的组成、作用和起动机控制电路常见故障的原因 3. 能查阅资料，进行起动机控制电路的识读 4. 能按规范流程，完成起动机控制电路简单故障检修 5. 能遵守劳动纪律，以积极的态度接受工作任务 6. 能积极参与小组讨论，发挥团队合作精神，及时完成教师布置的任务	6	配有实训车辆的一体化学习工作站

续表

教学活动	关键能力	学生学习活动	教师活动	学习内容	学习资源	评价点	学时	地点
学习活动4：工作总结与评价	汇报反思能力、语言表达能力、沟通能力	1. 个人自评：分析总结自己在完成学习任务中的表现，结合所在小组其他成员意见，形成自我评价，填写评价表 2. 小组评价：根据评价表的要求，针对学习过程中的每个环节进行小组互评，填写评价表 3. 各小组总结本学习任务的完成情况，分析每位成员在活动中的亮点与不足，并提出改进建议	1. 总结各小组在任务实施中取得的成绩，特别要点评学生在综合职业能力方面取得的成效 2. 点评工作中存在的不足，分析存在不足的原因并提出改进建议 3. 对任务实施中特殊小组或特别个人点名批评或表扬	1. 现场管理及环保知识 2. 汽车电气维修安全操作规范 3. 工具、设备的使用规范 4. 方案的执行情况 5. 操作项目的完成情况 6. 工作页的完成情况 7. 总结评价的方法 8. 学习任务评价表	1. 整车、汽车维修手册 2. 教材、学生工作页 3. 通用工量具、专用工具 4. 多媒体设备 5. 小组检修方案 6. 展示板、磁力贴 7. 评价表	1. 工作组织和管理 2. 沟通能力 3. 计划创新能力 4. 专业知识：具备起动系统各部件的组成、功能、原理等知识 5. 实践能力：具备起动系统检修技能、起动机检查与更换技能、起动机控制电路识读技能、起动机控制电路简单故障检修技能	2	配有实训车辆的一体化学习工作站

附录 5　汽车前照灯不亮故障检修学习任务设计方案

专业名称	汽车维修	一体化课程名称	汽车电气简单故障检修
学习任务	汽车前照灯不亮故障检修	学时	16
工作情境描述	某客户在夜间驾驶汽车行车时，发现汽车前照灯无法正常使用，于是将汽车开往维修站进行维修。经班组长检查，初步判断为汽车前照灯相关系统故障		
学习任务描述	汽车修理工接受维修任务，阅读维修工单，明确作业要求，确认故障现象。通过查阅维修手册，确定作业流程和技术标准，制定故障检修方案；在规定工期内完成汽车灯光系统零部件拆装与检修作业，自检合格后，填写维修工单，交付班组长进行质量检验 作业过程中，汽车修理工应严格遵守汽车生产厂家制定的操作规程，遵守企业内部检验规范、安全生产制度、环保管理制度以及“6S”管理规定		
与其他学习任务的关系	汽车电气简单故障检修（一）课程中的 5 个学习任务均为并列关系，汽车前照灯不亮故障检修学习任务的学习，将为后期汽车综合故障诊断与排除奠定基础		
学生基础	1．身心健康 2．具备独立拆装汽车零部件的能力 3．具备识读汽车电路图的能力 4．具备基本的写作能力和语言表达能力		
学习目标	1．能识别照明系统的组成及各部件的安装位置 2．能描述照明系统的作用与类型 3．能进行照明系统的检查 4．能描述前照灯的作用和组成 5．能描述前照灯的类型和工作原理 6．能进行前照灯的检查和更换 7．能描述相关法律法规及标准对前照灯的要求 8．能正确使用前照灯检测仪对前照灯进行检测 9．能进行前照灯灯光的检测和调整 10．能描述前照灯控制电路的组成和作用 11．能进行前照灯控制电路的识读 12．能分析并确定前照灯控制电路的简单故障和原因 13．能进行前照灯控制电路简单故障检修 14．能对维修场地设备进行日常维护保养，按“6S”管理规定要求清理现场 15．能对相关资料、互联网资源进行检索，完成检修工单和工作页的填写 16．能展示工作成果，进行任务评价，总结工作经验，优化检修方案 17．能在作业过程中执行企业操作规范、安全生产制度、环保管理制度，严格遵守从业人员的职业道德，具有吃苦耐劳、爱岗敬业的工作态度和职业责任感。		

续表

学习内容	1．实习车间管理规章制度 2．汽车电气检修安全操作规程 3．维修工单填写方法 4．专业学习内容 （1）照明系统的作用、组成、安装位置 （2）前照灯的检查与更换方法 （3）前照灯灯光的检测和调整方法 （4）前照灯控制电路识读方法 （5）前照灯控制电路简单故障检修的方法 5．现场管理、环保知识及“6S”管理知识 6．学生团队协作分工、方案展示与交流技巧
教学资源	环境类资源：一体化学习工作站，包括学习区、实训区、成果展示区、资料查询区，学习区与实训区可容纳 30 人 设备工具类资源：别克威朗汽车 6 辆、照明系统台架 6 部、前照灯总成若干、通用工量具（试灯、万用表等）6 套、汽车电气维修专用工具（剥线钳、电烙铁、线束修复工具）6 套 耗材资源：电工胶布、焊锡、防护用品、修理包和零配件等若干 文本类资源：安全操作规程 1 套、别克威朗汽车电路图 6 套、别克威朗汽车维修手册 6 套、维修工单 6 套、学生工作页每人 1 本 数字化资源：计算机 6 台、多媒体 1 套、数字化资源库 1 套
教学组织形式	以独立或小组合作的方式进行： 1．教师通过讲解和情境模拟的方式，引导学生观察故障现象，识读学习任务单，明确学习任务 2．教师组织学生收集、分析整理有效信息，独立完成学生工作页 3．教师组织学生以小组合作的方式制定汽车前照灯控制电路故障检修方案 4．教师组织学生展示交流、优化各组制定的方案 5．教师组织学生按照确认的方案实施作业 6．教师组织学生通过学生自评、小组互评、教师点评的方式对个人和小组的课堂表现做出评价
教学流程与活动	1．照明系统的认知（2 学时） 2．前照灯的检查与更换（4 学时） 3．前照灯灯光的检测与调整（4 学时） 4．前照灯控制电路简单故障检修（4 学时） 5．工作总结与评价（2 学时）
评价内容与标准	1．团队合作，合理计划，高效管理时间 2．定期检查工作进展和效果 3．保证高质量完成工作 4．深度咨询客户，完全理解其要求 5．提供明确说明，准确回答客户的疑问 6．及时处理工作中遇到的问题 7．提出创新性、可行性建议，提高客户满意度 8．具备汽车照明系统各部件的组成、功能和原理等知识 9．具备汽车照明系统故障检修知识 10．具备汽车照明系统检修技能 11．具备汽车前照灯拆装与检修技能 12．具备汽车照明系统电路识读技能 13．具备汽车照明系统简单故障检修技能

附录 6　汽车前照灯不亮故障检修教学活动策划表

教学活动	关键能力	学生学习活动	教师活动	学习内容	学习资源	评价点	学时	地点
学习活动 1：照明系统的认知	安全操作能力、团队合作与分工能力、专业能力	1. 模拟企业晨会组织教学：各小组清点人数、进行基本检查、进行上次任务总结、将学生分组以及组织学生晨读 2. 各小组领取学习任务书，接受任务 3. 各小组做好准备，包括人员分工、资源准备和安全检查 4. 在工作页的引导下各小组讨论学习任务和学习要求，分工并实施任务 5. 各小组总结评价本学习活动完成情况，点评每位成员的亮点与不足，填写学习活动评价表	1. 安全教育 2. 创设情境：在汽车上设置前照灯不亮的故障 3. 给各组下发学习任务书，解读学习任务和学习要求 4. 指导学生按要求实施任务，执行“6S”管理规范 5. 检查各小组对学习任务及学习要求的理解 6. 总结评价本学习活动情况 （1）学生在本学习过程中参与情况 （2）“6S”规范执行情况	1. 企业、车间生产和管理规章制度 2. 汽车电气安全操作规程 3. 专业知识与技能 （1）照明系统的组成及各部件的安装位置 （2）照明系统的作用和类型 （3）照明系统的检查	1. 企业、车间生产和管理规章制度 2. 汽车电气安全操作规程 3. 互联网 4. 教学视频、多媒体课件 5. 教材、工作页、学习任务书 6. 整车、照明系统台架、汽车维修手册 7. 专用工具、通用工量具	1. 能正确识读和填写工作页，明确学习活动要求 2. 能查阅资料，写出照明系统的组成、作用与类型 3. 能对照实车，指出照明系统各部件的安装位置 4. 能按规范流程，完成照明系统的检查 5. 能遵守劳动纪律，以积极的态度接受学习任务 6. 能积极参与小组讨论，发挥团队合作精神，及时完成教师布置的任务	2	配有实训车辆的一体化学习工作站

续表

教学活动	关键能力	学生学习活动	教师活动	学习内容	学习资源	评价点	学时	地点
学习活动2：前照灯的检查与更换	资料查询能力、信息处理能力、动手实践能力	1. 各小组做好资源准备，并进行人员分工和安全检查 2. 每组学生在工作页引导下查阅汽车维修手册、教材与课件等资源，学习前照灯灯的作用、组成、常见故障以及前照灯检查与更换的方法，填写工作页 3. 各小组按照工作页流程以及教师讲解实施前照灯的检查与更换操作 4. 分析并整理有价值的资料，独立完成学生工作页 5. 总结本组学习活动中的问题，填写学习活动评价表	1. 提出收集资料阶段的基本要求 2. 组织学生学习前照灯检修课件及观看前照灯拆装视频，并重点讲解仪表拆装注意事项 3. 巡回指导，做好操作示范、技术纠错、进度与质量控制、学生表现记录等，指导学生执行“6S”管理规范 4. 总结点评本学习活动情况 （1）学生工作页的完成情况 （2）课堂参与度 （3）操作中的问题	1. 资料查阅方法 2. 信息处理方法 3. 专业知识与技能 （1）前照灯的作用和组成 （2）前照灯的类型和工作原理 （3）前照灯的检查和更换	1. 互联网 2. 教学视频 3. 多媒体课件 4. 整车、照明系统台架、汽车维修手册 5. 教材、学生工作页 6. 专用工具、通用工量具	1. 能正确识读和填写工作页，明确学习活动要求 2. 能查阅资料，写出前照灯的作用、组成、类型与工作原理 3. 能按规范流程，完成前照灯的检查与更换 4. 能遵守劳动纪律，以积极的态度接受工作任务 5. 能积极参与小组讨论，发挥团队合作精神，及时完成教师布置的任务	4	配有实训车辆的一体化学习工作站

续表

教学活动	关键能力	学生学习活动	教师活动	学习内容	学习资源	评价点	学时	地点
学习活动3：前照灯灯光的检测与调整	国家标准查阅能力、资料查询能力、信息处理能力、动手实践能力	1. 各小组做好资源准备，并进行人员分工和安全检查 2. 每组学生在工作页引导下查阅汽车维修手册、教材与课件等资源，学习相关法律法规、标准对前照灯的要求及前照灯灯光的检测与调整方法，填写工作页 3. 各小组按照工作页流程以及教师讲解使用前照灯检测仪对前照灯进行检测和调整操作 4. 分析并整理有价值的资料，独立完成学生工作页 5. 总结本组学习活动中的问题，填写学习活动评价表	1. 提出收集资料阶段的基本要求 2. 组织学生学习前照灯灯光检测与调整课件及观看前照灯灯光检测与调整视频，并重点讲解前照灯灯光检测与调整注意事项 3. 巡回指导，做好操作示范、技术纠错、进度与质量控制、学生表现记录等，指导学生执行“6S”管理规范 4. 总结点评本学习活动情况 （1）学生工作页的完成情况 （2）课堂参与度 （3）操作中的问题	1. 资料查阅方法 2. 信息处理方法 3. 专业知识与技能 （1）相关法律法规及标准对前照灯的要求 （2）前照灯检测仪的使用 （3）前照灯灯光的检测项目与调整的方法和步骤	1. 互联网 2. 教学视频 3. 多媒体课件 4. 整车、汽车维修手册 5. 教材、学生工作页 6. 前照灯检测仪及使用说明书 7. 专用工具、通用工量具	1. 能正确识读和填写工作页，明确学习活动要求 2. 能查阅资料，写出对前照灯发光强度和照射位置的要求、前照灯灯光的检测项目与检测方法 3. 能按规范流程，完成前照灯的检测与调整 4. 能遵守劳动纪律，以积极的态度接受工作任务 5. 能积极参与小组讨论，发挥团队合作精神，及时完成教师布置的任务	4	配有实训车辆的一体化学习工作站

续表

教学活动	关键能力	学生学习活动	教师活动	学习内容	学习资源	评价点	学时	地点
学习活动4：前照灯控制电路简单故障检修	知识总结能力、方案设计能力、逻辑思维能力	1. 各小组做好资源准备，并进行人员分工和安全检查 2. 各小组在组长的带领下按要求制定前照灯控制电路简单故障检修方案 3. 各小组根据教师意见修改本小组制定的方案并通过审核 4. 各小组根据制定的方案进行前照灯控制电路简单故障检修，完成工作页填写 5. 总结本小组学习活动中的问题，填写学习活动评价表	1. 提出制定方案的基本要求 2. 讲解方案编制要领 3. 巡回指导，解决学生在制定方案阶段遇到的问题 4. 根据评价标准，审核各小组制定的方案，提出修改建议 5. 巡回指导，做好操作示范、技术纠错、进度与质量控制、学生表现记录等，指导学生遵守“6S”管理规范 6. 总结评价本阶段学习情况 （1）总结点评各小组学生活动参与情况 （2）点评学生制定方案的亮点与不足	1. 方案的制定方法与步骤 2. 专业知识与技能 （1）前照灯控制电路的识读 （2）前照灯控制电路简单故障现象与原因分析 （3）前照灯控制电路简单故障检修方法与步骤	1. 互联网 2. 彩笔、白纸 3. 教学视频、多媒体课件 4. 整车、照明系统台架、汽车维修手册 5. 专用工具、通用工量具 6. 教材、学生工作页	1. 能正确识读和填写工作页，明确学习活动要求 2. 能查阅资料，写出前照灯控制电路的组成和作用，能进行前照灯控制电路的识读，写出前照灯控制电路常见故障的原因 3. 能按规范流程，完成前照灯控制电路简单故障检修 4. 能遵守劳动纪律，以积极的态度接受工作任务 5. 能积极参与小组讨论，发挥团队合作精神，及时完成教师布置的任务	4	配有实训车辆的一体化学习工作站

续表

教学活动	关键能力	学生学习活动	教师活动	学习内容	学习资源	评价点	学时	地点
学习活动5：工作总结与评价	汇报反思能力、语言表达能力、沟通能力	1. 个人自评：分析总结自己在完成学习任务中的表现，结合所在小组其他成员意见，形成自我评价，填写评价表 2. 小组评价：根据评价表的要求，针对学习过程中的每个环节进行小组互评，填写评价表 3. 各小组总结本学习任务的完成情况，分析每位成员在活动中的亮点与不足，并提出改进建议	1. 总结各小组在任务实施中取得的成绩，特别要点评学生在综合职业能力方面取得的成效 2. 点评工作中存在的不足，分析存在不足的原因并提出改进建议 3. 对任务实施中特殊小组或特别个人点名批评或表扬	1. 现场管理及环保知识 2. 汽车电气维修安全操作规范 3. 工具、设备的使用规范 4. 方案的执行情况 5. 操作项目的完成情况 6. 工作页的完成情况 7. 总结评价的方法 8. 学习任务评价表	1. 整车、汽车维修手册 2. 教材、学生工作页 3. 通用工量具、专用工具 4. 多媒体设备 5. 小组检修方案 6. 展示板、磁力贴 7. 评价表	1. 工作组织和管理 2. 沟通能力 3. 计划创新能力 4. 专业知识：具备汽车照明系统各部件的组成、功能和原理等知识，具备汽车照明系统故障检修知识 5. 实践能力：具备汽车照明系统检修技能、汽车前照灯拆装与检修技能、汽车照明系统电路识读技能、汽车照明系统简单故障检修技能	2	配有实训车辆的一体化学习工作站

附录 7　汽车转向灯不亮故障检修学习任务设计方案

专业名称	汽车维修	一体化课程名称	汽车电气简单故障检修
学习任务	汽车转向灯不亮故障检修	学时	16
工作情境描述	某客户在操作汽车转向灯开关时，发现左后转向灯不亮，于是将车辆开往维修站维修。经班组长检查，初步判断为左后转向灯故障		
学习任务描述	汽车修理工接受汽车维修任务，阅读维修工单，明确任务要求，确认故障现象。通过查阅维修手册，确定作业流程与技术标准，制定故障检修方案；在规定工期内完成汽车信号系统零部件拆装与检修作业，自检合格后，填写维修工单，交付班组长进行质量检验 作业过程中，汽车修理工应严格遵守汽车生产厂家制定的操作规程，遵守企业内部检验规范、安全生产制度、环保管理制度以及“6S”管理规定		
与其他学习任务的关系	汽车电气简单故障检修（一）课程中的 5 个学习任务均为并列关系，汽车转向灯不亮故障检修学习任务的学习，是在学习前照灯电路的基础上，进行的另外一种灯光电路的学习，将为后期汽车综合故障诊断与排除奠定基础		
学生基础	1. 身心健康 2. 具备独立拆装汽车零部件的能力 3. 具备识读汽车电路图的能力 4. 具备基本的写作能力和语言表达能力		
学习目标	1. 能描述信号系统的作用、组成和安装位置 2. 能进行信号系统的检查 3. 能描述转向灯的作用和组成 4. 能进行转向灯的检查与更换 5. 能描述转向灯控制电路的作用和组成 6. 能进行转向灯控制电路的识读 7. 能分析并确定转向灯控制电路的简单故障和原因 8. 能进行转向灯控制电路简单故障检修 9. 能描述危险警告信号控制电路的作用和组成 10. 能进行危险警告信号控制电路的识读 11. 能分析并确定危险警告信号控制电路的简单故障和原因 12. 能进行危险警告信号控制电路简单故障检修 13. 能对维修场地设备进行日常维护保养，按“6S”管理规定要求清理现场 14. 能对相关资料、互联网资源进行检索，完成检修工单和工作页的填写 15. 能展示工作成果，进行任务评价，总结工作经验，优化检修方案 16. 能在作业过程中严格执行企业操作规范、安全生产制度、环保管理制度，严格遵守从业人员的职业道德，具有吃苦耐劳、爱岗敬业的工作态度和职业责任感		

续表

学习内容	1. 实习车间管理规章制度 2. 汽车电气检修安全操作规程 3. 维修工单填写方法 4. 专业学习内容 （1）信号系统的作用、组成和安装位置 （2）转向灯、危险警告信号的作用和组成 （3）转向灯控制电路和危险警告信号控制电路的识读方法 （4）转向灯控制电路简单故障检修的方法 （5）危险警告信号控制电路简单故障检修的方法 5. 现场管理、环保知识及“6S”管理知识 6. 学生团队协作分工、方案展示与交流技巧
教学资源	环境类资源：一体化学习工作站，包括学习区、实训区、成果展示区、资料查询区，学习区与实训区可容纳 30 人 设备工具类资源：别克威朗汽车 6 辆、汽车灯光台架 6 部、前照灯总成、尾灯总成若干、通用工量具（试灯、万用表等）6 套、汽车电气维修专用工具（剥线钳、电烙铁、线束修复工具）6 套 耗材资源：电工胶布、焊锡、防护用品、修理包和零配件等若干 文本类资源：安全操作规程 1 套、别克威朗汽车电路图 6 套、别克威朗汽车维修手册 6 套、维修工单 6 套、学生工作页每人 1 本 数字化资源：计算机 6 台、多媒体 1 套、数字化资源库 1 套
教学组织形式	以独立或小组合作的方式进行： 1. 教师通过讲解和情境模拟的方式，引导学生观察故障现象，识读学习任务单，明确学习任务 2. 教师组织学生收集、分析整理有效信息，独立完成学生工作页 3. 教师组织学生以小组合作的方式制定转向灯控制电路和危险警告信号控制电路故障检修方案 4. 教师组织学生展示交流、优化各组制定的方案 5. 教师组织学生按照确认的方案实施作业 6. 教师组织学生通过学生自评、小组互评、教师点评的方式对个人和小组的课堂表现做出评价
教学流程与活动	1. 信号系统的认知（2 学时） 2. 转向灯的检查与更换（2 学时） 3. 转向灯控制电路简单故障检修（6 学时） 4. 危险警告信号控制电路简单故障检修（4 学时） 5. 工作总结与评价（2 学时）
评价内容与标准	1. 团队合作，合理计划，高效管理时间 2. 定期检查工作进展和效果 3. 保证高质量完成工作 4. 深度咨询客户，完全理解其要求 5. 提供明确说明，准确回答客户的疑问 6. 及时处理工作中遇到的问题 7. 提出创新性、可行性建议，提高客户满意度 8. 具备信号系统的组成、功能及原理等知识 9. 具备汽车转向灯和危险警告信号故障检修知识 10. 具备汽车转向灯的检查和更换技能 11. 具备汽车转向灯控制电路故障检修技能 12. 具备汽车转向灯及危险警告信号控制电路识读技能 13. 具备汽车危险警告信号控制电路故障检修技能

附录 8　汽车转向灯不亮故障检修教学活动策划表

教学活动	关键能力	学生学习活动	教师活动	学习内容	学习资源	评价点	学时	地点
学习活动 1：信号系统的认知	安全操作能力、团队合作与分工能力、专业能力	1. 模拟企业晨会组织教学：各小组清点人数、进行基本检查、进行上次任务总结、将学生分组以及组织学生晨读 2. 各小组领取学习任务书，接受任务 3. 各小组做好准备，包括人员分工、资源准备和安全检查 4. 在工作页的引导下各小组讨论学习任务和学习要求，分工并实施任务 5. 各小组总结评价本学习活动完成情况，点评每位成员的亮点与不足，填写学习活动评价表	1. 安全教育 2. 创设情境：在汽车上设置转向灯不亮的故障 3. 给各组下发学习任务书，解读学习任务和学习要求 4. 指导学生按要求实施任务，执行“6S”管理规范 5. 检查各小组对学习任务及学习要求的理解 6. 总结评价本学习活动情况 （1）学生在本学习过程中参与情况 （2）“6S”规范执行情况	1. 企业、车间生产和管理规章制度 2. 汽车电气安全操作规程 3. 专业知识与技能 （1）信号系统的作用、组成及安装位置 （2）信号系统的检查	1. 企业、车间生产和管理规章制度 2. 汽车电气安全操作规程 3. 互联网 4. 教学视频、多媒体课件 5. 教材、工作页、学习任务书 6. 整车、汽车灯光台架、汽车维修手册 7. 专用工具、通用工量具	1. 能正确识读和填写工作页，明确学习活动要求 2. 能查阅资料，写出信号系统的作用、组成与安装位置 3. 能按规范流程，检查信号系统的工作情况 4. 能遵守劳动纪律，以积极的态度接受工作任务 5. 能积极参与小组讨论，发挥团队合作精神，及时完成教师布置的任务	2	配有实训车辆的一体化学习工作站

续表

教学活动	关键能力	学生学习活动	教师活动	学习内容	学习资源	评价点	学时	地点
学习活动2：转向灯的检查与更换	资料查询能力、信息处理能力、动手实践能力	1. 各小组做好资源准备，并进行人员分工和安全检查 2. 每组学生在工作页引导下查阅汽车维修手册、教材与课件等资源，学习转向灯的作用、组成、常见故障以及转向灯检查与更换的方法，填写工作页 3. 各小组按照工作页流程以及教师讲解实施仪表系统的检查与更换操作 4. 分析并整理有价值的资料，独立完成学生工作页 5. 总结本组学习活动中的问题，填写学习活动评价表	1. 提出收集资料阶段的基本要求 2. 组织学生学习转向灯检修课件及观看转向灯拆装视频，并重点讲解转向灯拆装注意事项 3. 巡回指导，做好操作示范、技术纠错、进度与质量控制、学生表现记录等，指导学生执行“6S”管理规范 4. 总结点评本学习活动情况 （1）学生工作页的完成情况 （2）课堂参与度 （3）操作中的问题	1. 资料查阅方法 2. 信息处理方法 3. 专业知识与技能 （1）转向灯的作用、组成 （2）转向灯的拆卸、检查与更换	1. 互联网 2. 教学视频 3. 多媒体课件 4 整车、汽车灯光台架、汽车维修手册 5. 教材、学生工作页 6. 专用工具、通用工量具	1. 能正确识读和填写工作页，明确学习活动要求 2. 能查阅资料，写出转向灯的作用与组成 3. 能按规范流程，完成转向灯的拆卸、检查与更换 4. 能遵守劳动纪律，以积极的态度接受工作任务 5. 能积极参与小组讨论，发挥团队合作精神，及时完成教师布置的任务	2	配有实训车辆的一体化学习工作站

续表

教学活动	关键能力	学生学习活动	教师活动	学习内容	学习资源	评价点	学时	地点
学习活动3：转向灯控制电路简单故障检修	知识总结能力、方案设计能力、逻辑思维能力	1. 各小组做好资源准备，并进行人员分工和安全检查 2. 各小组在组长的带领下按要求制定转向灯控制电路简单故障检修方案 3. 各小组根据教师意见修改本小组制定的方案并通过审核 4. 各小组根据制定的方案进行转向灯控制电路简单故障检修，完成工作页填写 5. 总结本小组学习活动中的问题，填写学习活动评价表	1. 提出制定方案的基本要求 2. 讲解方案编制要领 3. 巡回指导，解决学生在制定方案阶段遇到的问题 4. 根据评价标准，审核各小组制定的方案，提出修改建议 5. 巡回指导，做好操作示范、技术纠错、进度与质量控制、学生表现记录等，指导学生遵守“6S”管理规范 6. 总结评价本阶段学习情况 （1）总结点评各小组学生活动参与情况 （2）点评学生制定方案的亮点与不足	1. 方案的制定方法与步骤 2. 专业知识与技能 （1）转向灯控制电路的作用和组成 （2）转向灯控制电路的识读 （3）转向灯控制电路简单故障现象与原因分析 （4）转向灯控制电路简单故障检修方法与检修步骤	1. 互联网 2. 彩笔、白纸 3. 教学视频、多媒体课件 4. 整车、汽车灯光台架、汽车维修手册 5. 专用工具、通用工量具 6. 教材、学生工作页	1. 能正确识读和填写工作页，明确学习活动要求 2. 能查阅资料，写出转向灯控制电路的作用和组成，能进行转向灯控制电路的识读，能写出转向灯控制电路常见故障的原因 3. 能按规范流程，完成转向灯控制电路简单故障检修 4. 能遵守劳动纪律，以积极的态度接受工作任务 5. 能积极参与小组讨论，发挥团队合作精神，及时完成教师布置的任务	6	配有实训车辆的一体化学习工作站

续表

教学活动	关键能力	学生学习活动	教师活动	学习内容	学习资源	评价点	学时	地点
学习活动4：危险警告信号控制电路简单故障检修	知识总结能力、方案设计能力、逻辑思维能力	1. 各小组做好资源准备，并进行人员分工和安全检查 2. 各小组在组长的带领下按要求制定危险警告信号控制电路简单故障检修方案 3. 各小组根据教师意见修改本小组制定的方案并通过审核 4. 各小组根据制定的方案进行危险警告信号控制电路简单故障检修，完成工作页填写 5. 总结本小组学习活动中的问题，填写学习活动评价表	1. 提出制定方案的基本要求 2. 讲解方案编制要领 3. 巡回指导，解决学生在制定方案阶段遇到的问题 4. 根据评价标准，审核各小组制定的方案，提出修改建议 5. 巡回指导，做好操作示范、技术纠错、进度与质量控制、学生表现记录等，指导学生遵守“6S”管理规范 6. 总结评价本阶段学习情况 （1）总结点评各小组学生活动参与情况 （2）点评学生制定方案的亮点与不足	1. 方案的制定方法与步骤 2. 专业知识与技能 （1）危险警告信号控制电路的作用和组成 （2）危险警告信号控制电路的识读 （3）危险警告信号控制电路简单故障现象与原因分析 （4）危险警告信号控制电路简单故障检修方法与检修步骤	1. 互联网 2. 彩笔、白纸 3. 教学视频、多媒体课件 4. 整车、汽车灯光台架、汽车维修手册 5. 专用工具、通用工量具 6. 教材、学生工作页	1. 能正确识读和填写工作页，明确学习活动要求 2. 能查阅资料，写出危险警告信号控制电路的作用和组成，能进行危险警告信号控制电路的识读，能写出危险警告信号控制电路常见故障的原因 3. 能按规范流程，完成危险警告信号控制电路简单故障检修 4. 能遵守劳动纪律，以积极的态度接受工作任务 5. 能积极参与小组讨论，发挥团队合作精神，及时完成教师布置的任务	4	配有实训车辆的一体化学习工作站

续表

教学活动	关键能力	学生学习活动	教师活动	学习内容	学习资源	评价点	学时	地点
学习活动5：工作总结与评价	汇报反思能力、语言表达能力、沟通能力	1. 个人自评：分析总结自己在完成学习任务中的表现，结合所在小组其他成员意见，形成自我评价，填写评价表 2. 小组评价：根据评价表的要求，针对学习过程中的每个环节进行小组互评，填写评价表 3. 各小组总结本学习任务的完成情况，分析每位成员在活动中的亮点与不足，并提出改进建议	1. 总结各小组在任务实施中取得的成绩，特别要点评学生在综合职业能力方面取得的成效 2. 点评工作中存在的不足，分析存在不足的原因并提出改进建议 3. 对任务实施中特殊小组或特别个人点名批评或表扬	1. 现场管理及环保知识 2. 汽车电气维修安全操作规范 3. 工具、设备的使用规范 4. 方案的执行情况 5. 操作项目的完成情况 6. 工作页的完成情况 7. 总结评价的方法 8. 学习任务评价表	1. 整车、汽车维修手册 2. 教材、学生工作页 3. 通用工量具、专用工具 4. 多媒体设备 5. 小组检修方案 6. 展示板、磁力贴 7. 评价表	1. 工作组织和管理 2. 沟通能力 3. 计划创新能力 4. 专业知识：具备信号系统的组成、功能及原理等知识，具备汽车转向灯和危险警告信号故障检修知识 5. 实践能力：具备汽车转向灯的检查和更换技能、汽车转向灯控制电路及危险警告信号控制电路故障检修技能、汽车转向灯控制电路及危险警告信号控制电路识读技能	2	配有实训车辆的一体化学习工作站

附录9　汽车仪表照明灯不亮故障检修学习任务设计方案

<table>
<tr><td>专业名称</td><td>汽车维修</td><td>一体化课程名称</td><td>汽车电气简单故障检修</td></tr>
<tr><td>学习任务</td><td>汽车仪表照明灯不亮故障检修</td><td>学时</td><td>12</td></tr>
<tr><td>工作情境描述</td><td colspan="3">某客户将汽车仪表系统调到灯光开关挡时，仪表照明灯不亮，于是该客户将车辆开往维修站维修。经班组长检查，初步判断为仪表系统故障</td></tr>
<tr><td>学习任务描述</td><td colspan="3">汽车修理工接受汽车维修任务，阅读维修工单，明确任务要求，确认故障现象。通过查阅维修手册，确定作业流程与技术标准，制定故障检修方案；在规定工期内完成汽车仪表系统零部件拆装与检修作业，自检合格后，填写维修工单，交付班组长进行质量检验
作业过程中，汽车修理工应严格遵守汽车生产厂家制定的操作规程，遵守企业内部检验规范、安全生产制度、环保管理制度以及“6S”管理规定</td></tr>
<tr><td>与其他学习任务的关系</td><td colspan="3">汽车电气简单故障检修（一）课程中的5个学习任务均为并列关系，汽车仪表照明灯不亮故障检修学习任务的学习，是对汽车仪表部分的学习，将为后期汽车综合故障诊断与排除奠定基础</td></tr>
<tr><td>学生基础</td><td colspan="3">1．身心健康
2．具备独立拆装汽车零部件的能力
3．具备识读汽车电路图的能力
4．具备基本的写作能力和语言表达能力</td></tr>
<tr><td>学习目标</td><td colspan="3">1．能描述仪表的作用和类型
2．能描述仪表的组成和安装位置
3．能进行仪表的检查
4．能描述仪表系统的组成和工作原理
5．能进行仪表系统的检查与更换
6．能描述仪表系统控制电路的作用和组成
7．能进行仪表系统控制电路的识读
8．能分析并确定仪表系统控制电路的简单故障和原因
9．能进行仪表系统控制电路简单故障检修
10．能对维修场地设备进行日常维护保养，按“6S”管理规定要求清理现场
11．能对相关资料、互联网资源进行检索，完成检修工单和工作页的填写
12．能展示工作成果，进行任务评价，总结工作经验，优化检修方案
13．能在作业过程中严格执行企业操作规范、安全生产制度、环保管理制度，严格遵守从业人员的职业道德，具有吃苦耐劳、爱岗敬业的工作态度和职业责任感</td></tr>
</table>

续表

<table>
<tr><td>学习内容</td><td>1．实习车间管理规章制度
2．汽车电气检修安全操作规程
3．维修工单填写方法
4．专业学习内容
（1）仪表系统的作用、类型、组成、安装位置
（2）仪表系统的检查与更换方法
（3）仪表系统控制电路识读方法
（4）仪表系统控制电路简单故障检修的方法
5．现场管理、环保知识及“6S”管理知识
6．学生团队协作分工、方案展示与交流技巧</td></tr>
<tr><td>教学资源</td><td>环境类资源：一体化学习工作站，包括学习区、实训区、成果展示区、资料查询区，学习区与实训区可容纳 30 人
设备工具类资源：别克威朗汽车 6 辆、汽车灯光台架 6 部、前照灯总成、尾灯总成若干、通用工量具（试灯、万用表等）6 套、汽车电气维修专用工具（剥线钳、电烙铁、线束修复工具）6 套
耗材资源：电工胶布、焊锡、防护用品、修理包和零配件等若干
文本类资源：安全操作规程 1 套、别克威朗汽车电路图 6 套、威朗汽车维修手册 6 套、维修工单 6 套、学生工作页每人 1 本
数字化资源：计算机 6 台、多媒体 1 套、数字化资源库 1 套</td></tr>
<tr><td>教学组织形式</td><td>以独立或小组合作的方式进行：
1．教师通过讲解和情境模拟的方式，引导学生观察故障现象，识读学习任务单，明确学习任务
2．教师组织学生收集、分析整理有效信息，独立完成学生工作页
3．教师组织学生以小组合作的方式制定仪表系统控制电路故障检修方案
4．教师组织学生展示交流、优化各组制定的方案
5．教师组织学生按照确认的方案实施作业
6．教师组织学生通过学生自评、小组互评、教师点评的方式对个人和小组的课堂表现做出评价</td></tr>
<tr><td>教学流程与活动</td><td>1．仪表的认知（2 学时）
2．仪表系统的检查与更换（4 学时）
3．仪表系统控制电路简单故障检修（4 学时）
4．工作总结与评价（2 学时）</td></tr>
<tr><td>评价内容与标准</td><td>1．团队合作，合理计划，高效管理时间
2．定期检查工作进展和效果
3．保证高质量完成工作
4．深度咨询客户，完全理解其要求
5．提供明确说明，准确回答客户的疑问
6．及时处理工作中遇到的问题
7．提出创新性、可行性建议，提高客户满意度
8．具备汽车仪表系统的组成、功能和原理等知识
9．具备汽车仪表系统故障检修知识
10．具备汽车仪表系统的检查与更换技能
11．具备汽车仪表系统控制电路识读技能
12．具备汽车仪表系统控制电路故障检修技能</td></tr>
</table>

附录 10　汽车仪表照明灯不亮故障检修教学活动策划表

教学活动	关键能力	学生学习活动	教师活动	学习内容	学习资源	评价点	学时	地点
学习活动 1：仪表的认知	安全操作能力、团队合作与分工能力、专业能力	1. 模拟企业晨会组织教学：各小组清点人数、进行基本检查、进行上次任务总结、将学生分组以及组织学生晨读 2. 各小组领取学习任务书，接受任务 3. 各小组做好准备，包括人员分工、资源准备和安全检查 4. 在工作页的引导下各小组讨论学习任务和学习要求，分工并实施任务 5. 各小组总结评价本学习活动完成情况，点评每位成员的亮点与不足，填写学习活动评价表	1. 安全教育 2. 创设情境：在汽车上设置仪表照明灯不亮的故障 3. 给各组下发学习任务书，解读学习任务和学习要求 4. 指导学生按要求实施任务，执行“6S”管理规范 5. 检查各小组对学习任务及学习要求的理解 6. 总结评价本学习活动情况 （1）学生在本学习过程中参与情况 （2）“6S”规范执行情况	1. 企业、车间生产和管理规章制度 2. 汽车电气安全操作规程 3. 专业知识与技能 （1）仪表的作用、类型、组成和安装位置 （2）仪表的检查	1. 企业、车间生产和管理规章制度 2. 汽车电气安全操作规程 3. 互联网 4. 教学视频、多媒体课件 5. 教材、工作页、学习任务书 6. 整车、汽车灯光台架、汽车维修手册 7. 专用工具、通用工量具	1. 能正确识读和填写工作页，明确学习活动要求 2. 能查阅资料，写出仪表的作用、类型、组成和安装位置 3. 能按规范流程，完成仪表的检查 4. 能遵守劳动纪律，以积极的态度接受工作任务 5. 能积极参与小组讨论，发挥团队合作精神，及时完成教师布置的任务	2	配有实训车辆的一体化学习工作站

续表

教学活动	关键能力	学生学习活动	教师活动	学习内容	学习资源	评价点	学时	地点
学习活动2：仪表系统的检查与更换	资料查询能力、信息处理能力、动手实践能力	1. 各小组做好资源准备，并进行人员分工和安全检查 2. 每组学生在工作页引导下查阅汽车维修手册、教材与课件等资源，学习仪表系统的组成和工作原理及仪表的检查与更换的方法，填写工作页 3. 各小组按照工作页流程以及教师讲解实施仪表系统的检查与更换操作 4. 分析并整理有价值的资料，独立完成学生工作页 5. 总结本组学习活动中的问题，填写学习活动评价表	1. 提出收集资料阶段的基本要求 2. 组织学生学习仪表系统检修课件及观看仪表拆装视频，并重点讲解仪表拆装注意事项 3. 巡回指导，做好操作示范、技术纠错、进度与质量控制、学生表现记录等，指导学生执行“6S”管理规范 4. 总结点评本学习活动情况 （1）学生工作页的完成情况 （2）课堂参与度 （3）操作中的问题	1. 资料查阅方法 2. 信息处理方法 3. 专业知识与技能 （1）仪表的组成和工作原理 （2）仪表系统的检查与更换	1. 互联网 2. 教学视频 3. 多媒体课件 4. 整车、汽车灯光台架、汽车维修手册 5. 教材、学生工作页 6. 专用工具、通用工量具	1. 能正确识读和填写工作页，明确学习活动要求 2. 能查阅资料，写出仪表系统的组成和工作原理 3. 能按规范流程，完成仪表系统的拆卸、检查与更换 4. 能遵守劳动纪律，以积极的态度接受工作任务 5. 能积极参与小组讨论，发挥团队合作精神，及时完成教师布置的任务	4	配有实训车辆的一体化学习工作站

续表

教学活动	关键能力	学生学习活动	教师活动	学习内容	学习资源	评价点	学时	地点
学习活动3：仪表系统控制电路简单故障检修	知识总结能力、方案设计能力、逻辑思维能力	1. 各小组做好资源准备，并进行人员分工和安全检查 2. 各小组在组长的带领下按要求制定仪表系统控制电路简单故障检修方案 3. 各小组根据教师意见修改本小组制定的方案并通过审核 4. 各小组根据制定的方案进行仪表系统控制电路简单故障检修，完成工作页填写 5. 总结本小组学习活动中的问题，填写学习活动评价表	1. 提出制定方案的基本要求 2. 讲解方案编制要领 3. 巡回指导，解决学生在制定方案阶段遇到的问题 4. 根据评价标准，审核各小组制定的方案，提出修改建议 5. 巡回指导，做好操作示范、技术纠错、进度与质量控制、学生表现记录等，指导学生遵守“6S”管理规范 6. 总结评价本阶段学习情况 （1）总结点评各小组学生活动参与情况 （2）点评学生制定方案的亮点与不足	1. 方案的制定方法与步骤 2. 专业知识与技能 （1）仪表系统控制电路的作用和组成 （2）仪表系统控制电路的识读 （3）仪表系统控制电路简单故障现象与原因分析 （4）仪表系统控制电路简单故障检修方法与步骤	1. 互联网 2. 彩笔、白纸 3. 教学视频、多媒体课件 4. 整车、汽车灯光台架、汽车维修手册 5. 专用工具、通用工量具 6. 教材、学生工作页	1. 能正确识读和填写工作页，明确学习活动要求 2. 能查阅资料，写出仪表系统控制电路的作用、组成和工作原理，写出仪表系统控制电路常见故障的原因 3. 能按规范流程，完成仪表系统控制电路简单故障检修 4. 能遵守劳动纪律，以积极的态度接受工作任务 5. 能积极参与小组讨论，发挥团队合作精神，及时完成教师布置的任务	4	配有实训车辆的一体化学习工作站

续表

教学活动	关键能力	学生学习活动	教师活动	学习内容	学习资源	评价点	学时	地点
学习活动4：工作总结与评价	汇报反思能力、语言表达能力、沟通能力	1. 个人自评：分析总结自己在完成学习任务中的表现，结合所在小组其他成员意见，形成自我评价，填写评价表 2. 小组评价：根据评价表的要求，针对学习过程中的每个环节进行小组互评，填写评价表 3. 各小组总结本学习任务的完成情况，分析每位成员在活动中的亮点与不足，并提出改进建议	1. 总结各小组在任务实施中取得的成绩，特别要点评学生在综合职业能力方面取得的成效 2. 点评工作中存在的不足，分析存在不足的原因并提出改进建议 3. 对任务实施中特殊小组或特别个人点名批评或表扬	1. 现场管理及环保知识 2. 汽车电气维修安全操作规范 3. 工具、设备的使用规范 4. 方案的执行情况 5. 操作项目的完成情况 6. 工作页的完成情况 7. 总结评价的方法 8. 学习任务评价表	1. 整车、汽车维修手册 2. 教材、学生工作页 3. 通用工量具、专用工具 4. 多媒体设备 5. 小组检修方案 6. 展示板、磁力贴 7. 评价表	1. 工作组织和管理 2. 沟通能力 3. 计划创新能力 4. 专业知识：具备汽车仪表系统的组成、功能和原理等知识，具备汽车仪表系统故障检修知识 5. 实践能力：具备汽车仪表系统的检查和更换技能、汽车仪表系统控制电路识读技能、仪表系统控制电路故障检修技能	2	配有实训车辆的一体化学习工作站